Yongai Faxian Ni De Haizi

用爱发现你的孩子

顾建梅◎著

本色做父母

I

中国出版集团

现代出版社

图书在版编目(CIP)数据

用爱发现你的孩子／顾建梅著. —北京：现代出版社,2012.1
ISBN 978－7－5143－0352－0

Ⅰ. ①用… Ⅱ. ①顾… Ⅲ. ①家庭教育 Ⅳ. ①G78

中国版本图书馆 CIP 数据核字(2011)第 228010 号

作　　者：顾建梅
责任编辑：杨学庆
出版发行：现代出版社
地　　址：北京市安定门外安华里 504 号
邮政编码：100011
电　　话：010－64267325　010－64245264（兼传真）
网　　址：www. xiandaibook. com
电子信箱：xiandai@ cnpitc. com. cn
印　　刷：北京燕旭开拓印务有限公司
开　　本：700×1000　1/16
印　　张：14
版　　次：2012 年 1 月第 1 版　2012 年 1 月第 1 次印刷
书　　号：ISBN 978－7－5143－0352－0
定　　价：28. 00 元

愿每一位父母都具有"岗位能力"

古人说："三百六十行，行行出状元。"360 这个数字在当时估计是个夸张的约数，不过，随着几千年的光阴飞驰，如今再用 360 来指称行业已是个大大谦虚的数字了。

其中，涉及到广大公民民生民计的职业更是要求只有经过高等教育的人才有资格参加考试，考试合格的才具有执业资格。比如：医生、教师、律师、会计师、心理咨询师……没有人抱怨这样的层层过关，相反，人们反倒是担心考试的水平不够高，让能力不及的人也进入了行业。因为，庸医庸师们是会误了我们的身心健康、财产安全与生命安全的。

甚至持证上岗也还是不够的，因为科技日新月异，正应了一句话"学如逆水行舟，不进则退"，停滞不前便已然落伍了，于是，又一项要求出台，那便是"继续教育"，相关在职人员每年必须接受规定课时的培训与进修并通过考试，才能留任，否则，将失去执业资格。

……

然而，在我们的生活中，确有某个岗位，它分明是世上最重要最珍贵，也是最伟大最无法被他人取代的岗位，却偏偏不需要执证上岗，而且，也没有人来考核这一职位的岗位能力。

那就是：为人父母。

教养孩子是多么重大的使命啊，本应该属于胜任这一使命的父母。因而，在发达国家，法律法规对为人父母者设有最基本要求，不合要求的父母将被剥夺权利，失去自己的孩子，直至他们达到要求后才可以重新拥有。

虽然，目前我们国家尚不具备这样的执法环境，但这显然是发展的趋势。

应该说，这样的法则对于父母来说多少显得过于严峻，天下哪有不爱儿女的父母呢？因父母有所欠缺就剥夺权利难道对父母不是一种伤害吗？

或者，是的。但这种伤害的前提是：为了孩子。

因为，与父母相比，孩子更加地伤不起。

没有谁会聘用一个不会开车的人当司机，也没有谁会让一个不会射击的人上前线当战士，好在，这都可以做到，因为，我们有选择。

不过，将要来临的新生命却没有选择。

是的，我们可爱的孩子，他们——没办法选择父母。

于是，孩子们就只能期待父母自己了：他们不期待父母是权贵，不期待父母是富翁，不期待父母是科技名流，也不期待父母是教育专家。只希望，父母是个称职的父母。就如农民知道如何种粮，木匠知道怎样做家具，警察知道怎么抓坏人一样，希望父母懂得如何教养子女。

高尔基曾说："如果单单只是爱孩子，那是母鸡都会做的事。"

的确，"单单只是爱孩子"不过是动物的本能，懂得如何给予孩子他所需要的爱和教育，才是我们人类独有的智慧的爱。

那么，为了孩子，为了那个被动地来到世上，却能够主动爱我们的稚嫩生命，恳请父母稍做准备，请让我们不仅仅做一个"爱孩子"的父母，而是努力做一个具有"岗位能力"的父母。

即便在使用一款新颖电器前，我们也会认真阅览一遍"使用手册"，不是吗？在我们艰难孕育了 10 个月的宝宝降临之前或之后，难道我们不可以为了他们、也为了荣升父母的自己而认真阅读一下"儿童须知"吗？

因此，我写这本书，目的不仅是为了让父母了解孩子的身心发展特点，更能使父母懂得孩子的情感情绪，善待孩子的童心童趣，从而与孩子一起分享、分担成长的快乐与烦恼，陪伴孩子度过快乐而又充实的童年。

请将此书视为"上岗"的起点。

敬请阅读。

目录

第一章　每个宝宝都有备而来

当我们说新生儿是带着内在生命力有备而来的时候，是指新生儿并不仅仅带着他的躯体，如一台原包装的裸机（虽然他确是裸体），而是同时预装着"操作系统"和"基本应用软件"，能够胜任使其成长与发展需要的基本工作。

序言 …………………………………………………………… 3
预产期妈妈的困惑1——每个宝宝都是有备而来？ ………… 5
预产期妈妈的困惑2——胎教的是是非非 ………………… 8
父母容易忽略宝宝无声的表达 …………………………… 12
宝宝认生了，父母怎么做？ ……………………………… 14
宝宝探索世界从"咬"开始 ………………………………… 19
宝宝成为"黑手党"的六个可能 …………………………… 24

第二章　每个孩子都身怀绝技

虽然,也有人说你很臭美,说你悄悄学模特走猫步,还动不动扭起腰肢摆 pose,可当他们模仿你时我"扑哧"一声差点笑折了腰。哦,他们以为我会因此就减少对你的爱吗?

真是可笑,我可不喜欢一个按标准生活的"标本妈妈",我喜欢你是你,这样我的妈妈就是这世上最独特的一棵柳树。于是,在我眼里你总是那么醒目,使我永远能够从众多柳树妈妈中一眼就认出你。

序言 …………………………………………………… 37

每个孩子都身怀绝技 ……………………………… 40

游戏是孩子最好的学习方式 ……………………… 43

假扮游戏能影响孩子的一生 ……………………… 47

假扮游戏是属于儿童的艺术舞台 ………………… 49

"哦,那就把太阳关掉!"——儿童的"万物有灵论" ……… 51

戴着猫面具的狗也是猫——儿童的"刻板思维" ……… 53

"我还没有午睡,因此现在不是下午" ……………… 55

根据年龄培养孩子的自我意识 …………………… 57

孩子为什么突然"忘恩负义" ……………………… 61

问"我从哪里来"时,孩子在想什么? …………… 63

第三章　给孩子金饭碗不如培养好情绪能力

情绪性受到父母与儿童关系类型的影响，因为不同类型的依恋和父母传达给儿童的有关情绪的接受性的信息是不同的，而儿童从中习得的经验和形成的观念会传承到以后的岁月，总结推广到其他的关系中，成为个人情感模式的一部分。

序言 ………………………………………………………… 67

关于情绪，你必须知道的 ………………………………… 71

中国父母易忽视情绪能力 ………………………………… 73

儿童期开始，情绪能力就决定孩子的幸福 ……………… 78

教会孩子表达自我比什么都重要 ………………………… 81

小技巧培养孩子的情绪能力 ……………………………… 84

第四章　儿童总会活在父母的误解里

当我们面对的是一个尚无法用自己的语言来传递意思的幼童时，我们会怎么办？我们难道不需要比孔子更谨慎、更谦逊、更克制、更自省吗？因为，如若不然，幼童便只能生活在我们的误解里，承受着本不属于他的过失和评价，日复一日。想一想，他们原本是我们最爱的宝贝，我们何忍错待他们？

序言 ………………………………………………………… 109

看不见即不存在 ………………………………………… 112

其实你不懂我的心 ……………………………………… 116

会听的人才懂得看 ……………………………………… 118

谁影响了孩子的判断? ·· 120

有关"第一叛逆期" ·· 122

宝宝是"势利鬼"? ·· 125

有关"智力"与"早期教育" ······································ 127

还在跟孩子苍白无力地"讲道理"? ······························ 130

跟孩子讲道理的几种方式 ·· 132

第五章　孩子大了,怎么处理亲子关系?

我知道也不是所有表演项目都有保留价值的,比如,虽然我现在抓住东西不肯放手你们觉得好玩,长大还这样你们一定说我小气;还有,现在我吃自己的小手你们不拦我,长大还吃说不定就会往我手指上抹辣椒水……我没说错吧? 我很明白的!

序言 ·· 137

放养是放开"手"不是放下"爱" ·································· 140

儿童安全感——游戏诊断与治疗 ································· 147

宝宝们的独白 ··· 150

儿童语言——这是薏米仁儿! ·································· 153

儿童记忆——分享胜于独享 ····································· 157

儿童的秩序感——不爱新衣爱旧衣 ······························ 158

儿童的重复行为——百看不厌、百听不厌 ························ 160

儿童的社会化——"两面派" ···································· 162

儿童的敏感期——机不可失 ····································· 165

第六章　在家来点儿蒙台梭利吧！

父母们总不易为朴素的教育理念所动，而是被一些华丽的、甚至是光怪陆离的言辞或特例所吸引。当父母们聚到一起时，总是会提到孩子令自己觉得骄傲的能力。有的父母展示孩子会背多少唐诗了，有的父母自豪孩子会写多少汉字了，或者，能说多少外语了；还有，孩子能一口气数到多少了……

序言 …………………………………………………… 171
第一节　蒙台梭利日常生活练习 ………………………… 174
第二节　日常生活练习教具的操作 ……………………… 177
第三节　日常生活练习家长必备 ………………………… 179
第四节　日常生活练习范例 ……………………………… 182
附：日常生活练习目录 …………………………………… 210

第一章

每个宝宝都有备而来

当我们说新生儿是带着内在生命力有备而来的时候，是指新生儿并不仅仅带着他的躯体，如一台原包装的裸机(虽然他确是裸体)，而是同时预装着"操作系统"和"基本应用软件"，能够胜任使其成长与发展需要的基本工作。

序 言

XU YAN

"天生我才必有用！"李白高举酒杯豪迈地说。

可，你们以为只有李白才有这样的豪气吗？

那就太孤陋寡闻了。

某日，电视中的一个画面吸引了我，只见无垠的沙漠表层下一个凸起的小点飞速地移动，那情形让我误以为我盯的是电脑显示屏，而那凸起的小点一如激活后狂奔的鼠标光标。

再看一会儿才看见主角，哦，还真与"鼠"有关，不过不是鼠标是鼹鼠，原来这个天生的"土行孙"发现了一处草根，正极速赶去喝点水——长草的地方当然有水。

问题是，鼹鼠可是睁眼瞎，而且还是标准的"地下工作者"，它是如何探知离它很远的地方有草根的？

这也是科学家们想知道的。

于是他们根据假想设置了一些机关，最后终于闹明白了，原来鼹鼠天赋神听——它能听出风声穿过沙漠时遇到草根阻碍后产生的某种偏差。只要一听出那种偏差，鼹鼠就以远远超越"动车"的速度发射出去，并以潜行的姿态一击即中。

哇噢！

假想鼹鼠是中国籍，非常擅长使用流行语，那么它会说：浓缩的都是精华；天生我才必有用！

第一次献血时被医生手里粗粗的针管吓倒，不忍亲眼看它扎进自己的胳膊，无比僵硬地扭过头去。

医生想必被我脸上的表情雷倒，便向我解释："针管粗一点儿才方便抽血，血的黏稠度比较高，针管细了抽着抽着就抽不动了，血凝固得很快的。"

献血后没到5分钟，因为要接一个电话就腾出了手，没继续按住出血口的棉球，结果，晚上洗澡才发现，乖乖，不小的一片淤青在那。

后来被蚊子叮出一个包包后，我挠着挠着就想岔了："蚊子的针嘴可比血站的针管细多了去了，可没听蚊子表示过它吸不到血呀？"

啊啊啊啊……这问题我想起就放不下了。

百度一查，知道了：

"几乎每个人都有被蚊子'咬'的不愉快事，事实上应该说被蚊子'刺'到了。蚊子无法张口，所以不会在皮肤上咬一口，它其实是用6支针状的构造刺进人的皮肤，这些短针就是蚊子摄食用口器的中心。这些短针吸人血液的功用就像抽血用的针一样；蚊子还会放出含有抗凝血剂的唾液来防止血液凝结，这样它就能够安稳地饱餐一顿。当蚊子吃饱喝足、飘然离去时，留下的就是一个痒痒的肿包。"

原来如彼：6支！居然还配有祖传秘方抗凝血剂！

除了"佩服佩服……"我还能说什么呢？

接着就想，下次能不能让医生换个小针管抽呀，在针头里加进一点抗凝血剂就可以啦，咱好歹也是人类，不要连只蚊子都不如。

后来，越来越多的知道，很多生物都带有祖传的独门秘籍，并且，为了此生"不虚此行"，生物皆有备而来，根本不会打"无准备之仗"。想想也是，连小鼹鼠小蚊子这类袖珍型的动物都这么出手不凡，其他动物哪甘落后呢?!

那么，是不是我们的宝宝也揣着十八般武艺而来？

……何不亲自问宝宝自己?!

预产期妈妈的困惑1：
每个宝宝都是有备而来？

一位临近预产期的准妈妈疑惑地向我询问："为了做好母亲我看了不少早教书，总体来说是很有收获的，当然有些我觉得不可信的也没关系，我可以不采用。只是，其中最关键的两种说法偏偏我都认为有道理，但它们却是矛盾的，这就让我很难辨别和取舍了。你看，明明前面还在强调新生儿有着这样那样的潜在能力，可后面又在说新生儿是张全新洁白的纸，需要父母的帮助，提供适宜的环境，需要从教养中吸收正确的知识等，我就迷惑了，究竟新生儿是智能的还是无能的呢？"

解读：我将她的问题稍加修改，即：初生儿究竟是带着自己的智慧和能力有备而来呢，还是空手而来？

答案是：他是有备而来的；但同时，他是空手而来的。而且，两者间一点也不矛盾。

这位准妈妈是硕士学历，能够熟练操作电脑，于是，我便以电脑作类比。

一台成品电脑需要具备齐全的物理零件，包含：机箱，主板，中央处理器，内存，总线，电源，存储控制器，界面卡，携储存装置，内置存储器，输入设备，输出设备。这些必备的配件称之为硬件。

作为人类，我们的硬件是什么呢？

健全、健康的躯体便是我们的硬件，我们把保障我们生命活动的硬件称为生理生物学基础。

那么，是不是从店里抱回一台新电脑我们就可以使用了呢？

"是呀。"这位准妈妈回答。

我笑了："可是，郑渊洁却说不是哦。"

郑渊洁在父亲生日那天，买了一台联想电脑一体机送给了父亲，取代了旧有的笔记本电脑，因为台式机屏幕大，更适宜老人的视力。然而，在众亲友面前展示电脑和孝心的郑渊洁却遭遇了尴尬：电脑开机后无法工作。在他给联想客服打电话后才闹明白：电脑出厂时并没有预装系统。至于销售的店家装没装、装了什么，并不由厂商负责。

"对了，电脑必须有操作系统才能使用。"准妈妈醒悟到。

是的。其实到店里买新电脑的人往往忽视了一个情节，他们并不是直接把原包装的电脑带回家的，电脑店的工作人员会将包装盒打开，取出新电脑，然后，告诉客户需要等两个多小时，而这两个多小时是用于他们往电脑里安装操作系统和其他一些基本的应用软件的，操作系统有 windows、liunx、macos 等，基本应用软件有浏览器、办公软件、下载软件、聊天软件、播放软件、杀毒软件等。

当我们说新生儿是带着内在生命力有备而来的时候，是指新生儿并不仅仅带着他的躯体，如一台原包装的裸机（虽然他确是裸体），而是同时预装着"操作系统"和"基本应用软件"，能够胜任使其成长与发展需要的基本工作。

是基本应用软件和基本工作，不是全部。

那么，何以说他们又是空手而来的呢？

一台电脑即使拥有了操作系统和应用软件，但只要你仍未使用，它便仍是一台新机器，硬盘里还没有任何人为输入的文字与信息，没有你的绘画与相片，也没有你的财务报表和视频文件。当然，因为没有使用过，所以，各种应用软件暂时也未执行过任何任务，仍在"严阵以待"。而其他个性化的软件也尚未载入，如极品五笔、光影魔术手、风行，以及各种娱乐游戏。总之，除了 C 盘里预装的内容，其他的硬盘里空空如也，没有任何承载。

当我们说新生儿是空手而来时便是指称的这种状态，即："预装"的智能尚未使用，生命的"硬盘"仍是空空荡荡、干干净净、一览无余，还没有输入任何的信息。

所以，是的，新生儿是有备而来的，也是空手而来的。

这并非我的自圆其说，其实，这种现象早已有科学论证和诠释，只是因为国内早期教育的滞后，使得人们难得了解和掌握这部分知识。

以下是科学的理论：

新生儿脑部发展的某些方面是基因决定的，但另一些则是由不同的个体经历决定的。这便要求我们懂得：新生儿脑中有两个不同的神经系统，它们被称为经验－预期系统及经验－依赖系统。

经验－预期系统　指那些新生儿出生时就已建立起来的、管理人类所共有的经验和行为的神经回路。它们主要负责像吮吸、呼吸和体温控制这类事关种类生死存亡的反射和功能。婴儿必须生来就具备这些条件，因此可以说它们是"预装"好的，只是某些功能需要一定的经验才能有效发挥，它们主要是人类所共有的基因程序的产物，天生秉赋，且从一开始就清楚自己的任务。

（这便属于新生儿有备而来的部分）

经验－依赖系统　指那些经验－预期系统以外的、出生时没有专门功能的神经回路。它们会做什么完全取决于儿童后天所接受的感知输入，而特定的神经联系在反复经验特定的输入中形成并加强。儿童获得这些联系是学习和经验的结果。只要个体间还存在着不同的经验，经验－依赖系统就会反映出每个人的人格特质和生活方式的不同。

（这便属于新生儿空手而来的部分）

提醒父母注意的是：经验－预期系统必须及早到位，而经验－依赖系统则会在一生中不断发展。

预产期妈妈的困惑 2：
——胎教的是是非非

一位准妈妈听说音乐胎教可使宝宝聪敏，便到市场上买了心形传声器和几种不同的胎教音乐磁带，从怀孕 13 周开始，每天调高录音机音量，对着肚子放音乐。有时候，由于她怕胎儿听不到音乐，干脆将录音机直接贴在自己肚子上。

十月怀胎，一朝分娩。宝宝出生后看起来一切正常，也未见和其他孩子有什么不同，可当孩子出生一个月后，妈妈感觉不对劲了，似乎孩子完全听不到外界的声音。忧虑之下，一家人带孩子去医院就诊，耳鼻喉科的专家详细询问病史，进行了认真检查后，诊断为听觉神经受到损害，以致听力受损。更让家人震惊的是，医生说这可能与她怀孕期间进行的音乐胎教有关，目前还无法医治。妈妈听了如五雷轰顶，痛心疾首。

解读：可以肯定这一点，适宜的音乐胎教对胎儿是有益的。

关键是，准妈妈是否了解如何进行音乐胎教才是适宜的。

重点一，选什么类型的音乐。

胎教音乐必须是专业人士经过严格选择和精心设计，所选音乐尽可能地在频率、节奏、力度和混响分贝范围等方面，与孕妇子宫内的胎音合拍、共振。孕妇应该听一些节奏柔和舒缓的轻音乐，像一些节奏起伏比较大的交响乐，尤其是摇滚乐、迪斯科舞曲等刺激性较强的音乐，都不适合孕妇听。

重点二，胎儿多大时才可以进行。

音乐胎教应该在胎儿发育到 26 周以后才开始，因为这个时候胎儿的外耳、中耳、内耳基本上已经发育成熟，能够收听合适的音乐而不至受损。

重点三，控制音乐播放的时间、频率、距离以及强度。

1. 胎儿听胎教音乐，每次不超过 20 分钟，每天 1~2 次。

2. 用录音机放音，音频应保持在 2000 赫兹以下，孕妇距音箱 1.5~2 米，音箱的音强在 65~70 分贝。

3. 如果用耳机在孕妇腹壁放音，则耳机处不可高于 60 分贝。

4. 胎儿 8 个月后可改变按菜单循环播放的模式，改为反复播送一首固定的乐曲，可为出生后的孩子培养音乐爱好。

因对孩子进行音乐胎教而导致婴儿失聪这一事件，突显出当前早期教育中父母方面的一个问题，即，对早教普遍缺乏先期准备，且在实施早教的过程中随意性很大，同时缺乏严谨和审慎的态度。然而，需要注意的是，父母这方面的问题常常贯穿着早期教育的始终。因为，某些"特点"并非临时"染"上的，而是父母自身行为习惯的一部分。

以下，是名为"遵从指令"的一个小游戏，请读到此处的读者一起参与，只须两分钟的时间，来完成一下这个游戏。停！别转移目光。请不要先浏览问卷，而是认真读完指导语。

指导语："请大家看好时间，从我说'开始'起，以两分钟为限，来做这张小问卷，注意，别因为问题的数目而匆忙，此游戏不以做完为标准，而以准确率取胜。现在——开始。"

1. 请认真阅读试题，读完再做卷子。

2. 在纸的上端正中间写上你的姓名。

3. 在姓名旁边写三个"好"字。

4. 把你最喜欢的一样东西写在纸的左边。

5. 把你最讨厌的一样东西写在纸的右边。

6. 请写出你母亲或父亲的生日。

7. 请在试卷的右侧中间用笔尖戳三个小洞。

8. 做完上题，请你大笑 3 声：哈哈哈！

9. 请站起来深呼吸 3 次，对自己说："我真棒！我对了！"

10. 接下来的两题你可以二选一。

11. 请你站起来，举起右手，原地转 3 圈。

12. 在纸的下端写出 28 乘以 82 的答案。

13. 你能够按要求去执行任务吗？

14. 看完后你只需要做第 2 题和最后一题。

15. 在你的姓名下面写上"遵从指令我第一"。

两分钟以后

你做对了吗？

即便你并没有真的拿笔去做，也一样能判断出你能否正确完成任务，只须回溯一下你方才的反应：

你认真听进去指导语，并要求自己遵从它了吗？

你读完第一题后真的按顺序往下读完了整篇问卷而没有犹豫吗？

若你手中有笔，你也不会在未阅完整卷时中途答题吗？

游戏原先的指导语是侧重强调速度的，尽管我做出了修改，申明不追求速度而以准确取胜。然而，在我带领四五十名复读的高三学生做此游戏时，无一人正确。

发人深省的是，在一次教师继续教育的课程中，类似的情形，只是指导语强调了速度，结果，学校阶梯礼堂中听课的幼儿教师和小学教师约计 200 多人，只有两人在最后时刻发现了错误，修正了答卷。

瞧，不过是个短短的问卷，如果遵从指令的话两分钟内绝对可以准确完成，但显然，与冷静和审慎相比，人们更倾向于盲动与盲从。

我们知道考驾照的人事先需要通过体检，体检中若发现你是色盲便一定不会允许你学驾驶，因为色盲的司机是无法正确辨识红绿灯的，那么，如果连这最基本的部分都无法达成，他如何让自己遵守交通规则呢？无法遵守交通规则的前提下，发生车祸几乎是大概率事件。

话说回来，若为人师表者自己都不能将一页 15 行的问卷按要求审题，他又如何培养他的学生做到冷静审题呢？

一个教育者在真诚的前提下，能通过言传身教去引导受教育者掌握他本身都不懂得的知识吗？能够让受教育者养成他本身都不具有的品质吗？

如果可以，或者，我们应该请色盲教我们识色谱。

参照教师在继续教育课程中参与此游戏的表现，高三复读班学生的反应便十分能理解了。虽然，据我所知，每个教师（包括家长）在学生考试后都会一遍遍地重申"审题"的重要性，可惜的是，教育者们从未使学生习得如何遵从指令。

返回音乐胎教致宝宝失聪一事上来，宝宝的妈妈有没有核实产品的资质？若确是正规产品，宝宝妈妈是否仔细阅读了说明书并按说明书的要求执行？其实，目前网络资讯如此丰富，只要宝宝妈妈愿意了解相关信息，网上全面地搜一搜都会知道，怎样才能正确进行音乐胎教。

所以，与其说导致宝宝失聪的是音乐胎教仪，不如说是教养者的轻率与盲动。

然而，这并非某一个或某一些妈妈的过失，它几乎是教养者的通病。

也正因为是通病，所以，才需要在本书开篇部分予以彰显，彰显的目的并非是为着指责谁，而是希望教养者能够真正了解自己、正视自己，从而自愿萌发修正与改善自己的愿意，主动地而不是被动地修炼出自己的"岗位能力"，因为，只有在此前提下，我们对孩子的养成教育才可能是正确的、良好的、有效的。

此案例借用一句教授我心理测量的老师的话：父母不可让"爱"变成了"碍"。

父母容易忽略宝宝无声的表达

表达并非只能借助语言，语言虽然是种主要的表达方式，但除此之外，表情也可以用来表达，所谓"七情上脸"即是，而动作更可以是一种表达，"摇头不算点头算"——简直是种决定性的表达。

那么，当我们既无法通过语言，也无法通过表情与动作来"倾听"初生儿的表达时，我们如何才能去了解他们的心意呢？

解读：在 20 世纪 50 年代前，我们大都只能依靠专家的猜想或推理去了解婴儿，在这之后，随着一些科学技术的发展，实证数据取代了猜想，使得往日的"不可能"开始成为"可能"。

所以，即便是刚刚出世几天的婴儿，我们一样可以探知他们的喜怒哀乐。

刚出生的婴儿唯一显现出的能力似乎只有吮吸，因为他只有通过吮吸乳头才能获得令其生存的母乳。没关系，对科学家而言，这同样是个契机，于是，他们借助一种仪器，仪器通过一个装有压力传感器的假乳头来发出某些有趣的表情或声音，婴儿用不同的力度、坚持不同的时间吮吸便会得到不同的表情或声音的回应，当婴儿侧重于要得到某一特定的表情或声音时，他便间接地向人们表达了他的态度。这一技术被称为"非进食性吮吸技术"。

让我们"倾听"一下刚出生的宝宝是如何通过这一技术表态的。

在一项经典研究中，对象是出生不到 3 天的婴儿。婴儿首先发现，当自己用两种不同的方法吮吸一个假乳头时会产生出两种不同的声音，一个是自己亲生母亲的声音，另一个是其他成年女性的声音。很快，婴儿找到了规律，开始一味地通过吮吸来激发母亲的声音，从而显示出对母亲声音的偏爱。

很显然，年幼的婴儿已能分辨出两种声音。

可是，婴儿对母亲声音的熟悉是出生后才形成的还是胎儿时就形成了呢？

科学家将母亲的声音录下了两种版本——一个是空气传播中的自然声，另一个是模仿婴儿在子宫中听到的声音。结果，婴儿显示出对后者的偏爱。

婴儿的选择向人们表明：早在母亲的腹中时，他就已经能够倾听并熟悉了母亲的声音。

那么，聪明的胎儿是否也一样可以倾听和了解其他的声音呢？

是的，可以。

科学家使用两首旋律，一首旋律是婴儿在胎儿期时母亲所反复吟唱的，另一首是婴儿出生后才播放的，结果表明，婴儿偏爱那首他在胎儿期内母亲吟唱的旋律。

在这些研究中，婴儿不仅向人们展示了他在出生后立刻分辨声音的出色能力，同样也向人们说明他在母亲的子宫中就已经开始学习了。

你看，谁还能说婴儿是无知的、弱小的呢？即便他在母亲的子宫里，隔着羊水和层层包围，他已经能通过"听"来工作了。

胎儿已经开始了积极的学习，我们还等什么呢？

当然，我们可以让26周的孩子倾听音乐了。

如果这令父母难以把握尺度，那么更方便有效的是，我们可以对胎儿进行语言胎教。

不必刻意、不必辛劳，只须挑选父母自己喜欢的诗歌、散文或小说、剧本，只是，不是默读，而是将它们念出声，不必舍易求难，那些你真心喜爱的章节与片段，你可以一而再、再而三地念诵，那么，胎儿不仅能够倾听，通过温习而熟悉，而且，他一定能够感知到父母的愉快和欣悦。母亲的情绪会通过与胎儿相通的联结，将微妙的信息传递给胎儿。母子连心，可不就是嘛。

不过，在此要对宝宝爸爸提个醒。

另一项研究结果显示：即使在婴儿出世后，与父亲保持了 4 ~ 10 小时的接触，在父亲的声音和其他男性声音之间，婴儿并没有表现出对父亲声音的喜爱。对此，最可能的解释便是：婴儿在胎儿期缺乏与父亲声音的接触。

爸爸们，是时候做出改变了，在陪着身怀六甲的爱妻时可不要疏忽了腹中那个小机灵鬼哦，也和他说说话，讲讲故事，念念诗歌，哼哼旋律吧，别让宝宝把偏爱都留给妈妈了。

宝宝认生了，父母怎么做？

宝宝差两天就 4 个月了，最近一看见家里来了陌生人就开始哭，只认我和他爸，连姥爷也不认了。前些天还让人抱，每天他姥爷都来抱，可最近孩子怎么也不让抱了。怎么能缓解孩子认生的情况呢？这样发展下去孩子会不会不愿与人交往，变"宅"了呀？

解读：刚出生的婴儿没有分辨人的面孔的能力，所以，那时他是和谐环境中人见人爱的心肝宝贝：接受一切人的拜访与称赞，不介意在每个人的臂弯里辗转，且愉快地回以微笑。可是，正当大家视他为吉祥物时，他却开始不再一视同仁了，他有选择了，似乎是懂得亲疏远近了，除非是天天怀抱着他的爸爸妈妈，其他人的宠爱他开始不稀罕了，拒绝了，如果爸爸不是个对他时常爱不释手的父亲，他甚至连他也要排斥了。于是，父母短暂的窃喜后开始发愁，这孩子这么缠人、这么怕生可怎么好？

首先，父母先将那份喜悦稳定下来。宝宝认生一方面说明了他感官和记忆力的发展，能够记住不同的人脸，能够区别亲人和外人、熟人和陌生人；另一方面，也表现出孩子情绪的产生和人际关系的建立与发展，孩子对亲人和对不熟悉的人有了不同的态度，并尝试以自己的方法去应对了。

其次，向动物学习，用接纳的态度面对宝宝的改变。

我们人类一向自诩是地球上最高级的动物，由猿到人理所当然是个了不起的进化，甚至，是个奇迹。然而，人类却分明有着不如动物的硬伤：几乎所有的动物都对自己的后代有着天然的了解，并懂得如何暂时改变自己的习性去顺应幼儿，对它们而言，这是种本能，可人类的这种能力却十分微弱。

老虎本是独居动物，然而在虎子虎女们尚未能独立生活之前，虎妈妈却充当单亲妈妈，带领孩子过群居生活。

在纪录片里，目睹熊妈妈领着熊宝宝跋山涉水，艰苦逃亡。原来母熊尚在哺乳期，而熊有个特点，一旦母熊在哺乳期里被公熊捉住交配，母乳就会终止，而此时的熊宝宝尚无法进食，若是断乳就会饿死，于是，为了保住孩子的生命，熊妈妈费尽心机，一刻不敢懈怠地携子逃亡。要知道，这是件非常不容易的事情，不仅因为熊宝宝尚幼，还因为熊的嗅觉太过灵敏，母熊在逃亡路上得学会观察和辨识风向与地势，一旦身处公熊的上风口，那便前功尽弃，铁定要被"闻风"赶来的公熊逮住。

可敬的动物妈妈，同样是对孩子的爱，相比人类，它们的爱是多么的知己知彼。

反观人类，若非借助科学研究与后天的经验，人类对自己的幼儿几乎一无所知。而有限的研究结果和个体经验，往往掺杂着不少的曲解与谬误。这不能不说是人类的一大缺憾。

比缺憾更危险的是我们对这一缺憾的抵御与排斥，而非学习与弥补。

动物总是在生长、变化和发展中，不可能一成不变，也极难保持匀速前进。更有一类称作变态动物，多是昆虫与两栖动物，如蚕、中国鲎、虾、青蛙、蝴蝶……它们甚至经历了全然不同的生命形态。

奇怪的是，当我们目睹变态动物的转变时，我们是惊奇和愉快的："瞧呀，小蝌蚪刚刚长出后腿啦！""蚕开始作茧了，即将要变成蛹了！"我们接受并期待它们的转变。

可是，当我们的宝宝开始变化时，我们却表现出担心、着急、焦虑、抗拒等负面情绪。难道动物宝宝的改变代表着成长，人类宝宝的改变却意味着问题，是"出状况了"吗？

多么希望听到父母这样的语气："哇，宝宝成长了，有自我意识了，他开始和我顶嘴了。""宝宝今天朝地下摔东西了，捡起来给他他竟然接着摔。瞧，他对东西落到地上会发出不同的声音有感觉了呢。"当父母懂得这样看时，你和孩子的心意才没有随着脐带一起剪断。

再次，配合宝宝做出改变。

宝宝"认生"虽然是个进步，但宝宝"怕生"却需要父母做出调整。

一、试着了解宝宝此阶段身心发展的特点。

当宝宝不认生，表现得"博爱"时，父母常误解为是宝宝记不住人的面部，而其实，在宝宝出生后的头几周里，他根本看不到8英寸外的物体。这是因为宝宝虽然有了视觉，但他的视觉系统在几个方面都还不完善，视敏度、颜色知觉和双眼协调能力等，都要远远低于年长的儿童，不过这并不意味着宝宝的能力受到了阻碍与制约，因为，宝宝的能力发展往往与他在现阶段要完成的任务是相匹配的。这就像如果你只是建立几个 WORD 文档而不是玩大型游戏，则完全不必要去考虑电脑是不是安装了独立显卡一样。8英寸——刚好大致是妈妈给宝宝哺乳或是与宝宝逗乐时，宝宝与妈妈脸部之间的距离，于是，这个恰恰好的尺度正好用来给宝宝认识母亲的机会，可以首先记住他生命中最重要的人，而不至于被8英寸外其他的人与物分散了注意力。

或者你在疑问，既然宝宝开始的时候多数只看到妈妈，为什么那时宝宝不认生，不会介意其他人的怀抱呢？

这是新生儿视觉系统的又一个特点，称为"外缘性效应"。即婴儿在头几周只能关注视觉刺激物的外缘而忽视其内部（发际和眼部区域除外），也就意味着婴儿注意到的只是人与人相似的面部外围轮廓，而非具体的面部特征，可想而知，这有限的信息并不足以令婴儿将人与人区别开来，所有的人对这个阶段的婴儿而言都是一样的——视觉上如此。但是，不用着急，这只是婴儿面部识别能力的第一阶段，在第二阶段，婴儿就能做到了。

几周后，婴儿发展出主要通过观察脸部内部特征识别他人脸部的能力，并在反复经历不同人脸后逐步建立其视觉形象。因为第二阶段的能力需要使用大脑皮层较高级的功能，而大脑皮层的这部分功能要在婴儿的第二个或第三个月才开始具备并启动，然后逐渐控制婴儿的视觉导向，使婴儿视觉能力的发展得以实现。

于是，这阶段的孩子开始"认生"了。

二、扩大孩子的视野和社交圈。

设想一下：如果婴儿每天只和一只小白兔和一只小山羊为伴，当某天忽然冒出来一只小黄狗时他能不意外、不戒备吗？若小黄狗要靠近他，甚至冲他示好地"汪汪"两下，婴儿能不受到惊吓从而哇哇大哭吗？或者，父母会说，那只小黄狗并非第一次出现，它之前也时常从门口路过，我们都指着它给宝宝看过的，它其实也算是常客，也进来探望过宝宝的，宝宝那时都不回避的。可是，我们要记得宝宝当时可是只能看到 8 英寸内的事物哦，8 英寸外的门口路过的是谁他只是看了，但不是看"见"了。何况就算他看见了，他也只是看见了黄狗脸蛋的外部弧线并没看"清"它的相貌。当他能够看"见"并看"清"时，总在身边的也许就只有小白兔和小山羊，他于是就只接受它们的亲近了。

但，如果婴儿身边不仅有着常伴他的小白兔和小山羊，也有着时常能够看到并逐渐熟悉的小花猫、小刺猬、小松鼠、金丝猴，某天又多出来一只小黄狗时，他还会不会那么害怕了呢？

同理，要想让孩子不怕生就需要扩大孩子的视野和社交圈，"宅"的宝宝往往因为他生长在一个"宅"的环境。要知道，好奇可是宝宝的天性哦，如果他生长在一个丰富有趣的环境里，想让他"宅"可是件很不容易的事情呢。

三、改变一下抱宝宝的方式。

生活中父母抱孩子总是习惯让孩子面向内抱，当然，这种姿势方便孩子与养育者的互动与交流。不过，当孩子开始表现出"怕生"时，父母就需要促进孩子与他人及外部世界的接触了，其实这一点儿都不困难，只须换个姿势——将孩子面向外抱即可。

大家都知道袋鼠妈妈有个专门的育儿袋，袋鼠宝宝们是在育儿袋里跟着妈妈游走世界、认识世界的，如果大家看仔细一点的话会发现，在育儿袋里的袋鼠宝宝可都是面向外注视世界的。

当父母按传统方式抱着宝宝时，在自然舒适的状态下，孩子看到的是父母背后的事物，他究竟看到了什么？父母无从知道也无从响应。不少父母抱着宝宝外出时的确是积极引导宝宝观察的，只是宝宝可能只是望过去，并不能保持注意。一来是因为父母感兴趣的未必是孩子自己感兴趣的，在父母指点下的注意是被动注意，原本就不易持久；二来，扭着身体或是扭着脖子的姿势是很不舒服的，孩子很难自愿去保持。显然，这一点被我们疏忽了。

当前更多的现象是宝宝坐推车里随父母散步，其优点是孩子的确能够面向前方了，可是缺陷也同样明显，影响父母和宝宝的互动。

我曾在远足时看到过一位胸前附有"育儿袋"的年轻妈妈，布袋十分简易，像改版的小肚兜，肚兜前方正好兜着宝宝的小躯干，两条小腿在左右两侧自然垂下。能看出，小家伙非常自在，在吸引了路人众多眼球的情境中自由地摆动着四肢。我很钦佩这位妈妈，为着她的智慧，更为着她的勇气——毕竟，这可是一个很出位的 pose，而她，如自己的宝宝一样坦然行走在众人新奇的注视中。

四、视宝宝的敏感度开展社交。

宝宝认生有时并不是宝宝的问题，而是父母的问题，其实宝宝自己说不定还觉得委屈着呢。

怎么可以这样对我呢？他是谁呀，怎么他一出现你们就把我塞他手里了呀，我都不认识他的？而且，实话说，我一点儿都不喜欢他。我才不愿他抱我；

爸爸，妈妈，能不能抱着我离她远一点儿呀，她说话好大声耶，笑得很刺耳，说话就说话呗，干什么两手乱摆，不好了，她伸手过来要捏我脸蛋了——哇……痛苦，我只有哭了；

别再跟我说以前我都很配合很乖，那是以前不是吗？以前我根本就区分不了谁是谁，可我现在长大了呀，我能区分了呀，难道你们愿意我还像以前那样认不出人吗？那岂不是我连爸爸、妈妈也一样认不出了吗？不，我可不想那样子；

嗯，这个人不错的，看着挺顺眼，他对我笑了呢，那好吧，我也笑一个。可是，慢着……能不能等一会儿才让他抱我呀，怎么也得给我个预热的机会吧，毕竟我才刚刚见到他。

……

现在，你们理解宝宝了吗？

所以，如果宝宝不是自来熟，就应该顾及宝宝的感受，不要因为路遇同事或朋友就应对方的热情要求把孩子递过去；与那些情绪表达强度较大的人相对时，注意拉开一定的距离；即便宝宝接受了对方，也要等宝宝和对方略为熟悉了一些后才让对方抱。

宝宝探索世界从"咬"开始

宝宝1岁多点了，现在还是什么都往嘴里放，比如，桌上的抹布、纸、玩具等，拿到了就往嘴里送，制止他也不听，打他小手也不管用！有时还吃一些小东西，虽然我们都会把那些小东西收起来，还是怕不小心有所遗落，真不知该怎么教导他……

解读：一个幼儿要做什么并能做什么，主要受四大因素的影响：成熟、经验、社会环境，以及幼儿在实践中对各种经验进行自我调节的平衡过程。其中，可以普遍为人们所理解和接受的两大因素便是：成熟和经验。成熟是指肌体的成长，特别是指神经系统和内分泌系统的成熟。首先，成熟是幼儿认知发展的必要条件，因为它为形成新的行为模式和思维方式提供了可能性。其次，成熟只是认知发展的必要条件，却不是充分条件，因为，若要使这种可能性成为现实，必须通过机能的练习和最低限度的习得经验，才能使成熟发挥作用。

两者的关系就如：一个出世不久的婴儿不可能行走和说话，这是受成熟的制约，但这并不等于只要肌体成熟婴儿就自然而然地能走能说了，一定还要有幼儿对于行走的练习以及与人交流中学习到的经验。

"印度狼孩"的经历就是一个极好的佐证。

1920 年 9 月 19 日，在印度加尔各答西面约 1000 千米的丛林中，发现两个被狼哺育的女孩。其中大的年约七八岁，小的约两岁。这两个小女孩被送到米德纳波尔的孤儿院去抚养，还给她们取了名字，大的叫卡玛拉，小的叫阿玛拉。

在孤儿院里，人们首先对她们进行了身体检查，发现她们身体的生物系统是正常的，虽然营养不良。人们还发现这两个狼孩虽然长得与人一样，她行为举止却完全和狼一样，她们昼伏夜行，用四肢爬着走路，直接用手抓食物送到嘴边吃，并像狼那样嚎叫。研究者在人类的正常社会环境里对其进行训练，教她们识字，教她们学习人类的基本行为方式和生活技能。然而，阿玛拉不幸死亡，卡玛拉在两年后才会发两个单词，4 年后掌握了 6 个单词，第 7 年学会 45 个单词。她动作姿势的变化也很缓慢。1 年 4 个月时，只会使用两膝步行；1 年 7 个月后，可以靠支撑两脚站起来；2 年 7 个月后不用支撑可站立；而到用两脚步行，竟费了 5 年的时间，快跑时却仍会用四肢……卡玛拉一直活到 17 岁，但她直到死时还没真正学会说话，智力只相当于三四岁的孩子。

了解了"成熟"和"经验"所起的作用后，我们再来看宝宝的行为。

宝宝现在是 1 岁多点，还是什么都往嘴里放，那宝宝的爸爸、妈妈有没有注意到，宝宝最初把东西往嘴里放是多大的时候呢？

此前我们了解到新生儿脑中有两个不同的神经系统，它们被称为经验－预期系统及经验－依赖系统。

经验－预期系统指那些新生儿出生时就已建立起来的、管理人类所共有的经验和行为的神经回路。它们主要负责像吮吸、呼吸和体温控制这类事关种类生死存亡的反射和功能，是人类所共有的基因程序的产物。

经验－依赖系统指那些经验－预期系统以外的，出生时没有专门功能的神经回路。它们会做什么完全取决于儿童后天所接受的感知输入，而特定的神经联系在反复经验特定的输入中形成并加强。儿童获得这些联系是学习和经验的结果。

当新生儿降临这个世界时，经验－依赖系统还是未开发的处女地，他只能使用经验－预期系统里"预装"的功能。其中，最最根本的功能便是"吮吸"。

所以，从这点来说，宝宝的嘴巴便是宝宝最先使用的生存工具，他是天然就懂得且能够去"尝"试的。

可你知道吗？宝宝从"吮吸"到"什么都往嘴里放"，其实已经悄然发生很大进步了，只不过爸爸妈妈们没有察觉到罢了。

宝宝最初"吮吸"乳头时，还仅仅是在进行一项刻板的反射活动，当他拿到什么都放嘴里尝试一下的时候，这种活动方式已经变得越来越灵活了，让我们看下他的发展轨迹：

出生后的宝宝就会吮吸，但是，那仅仅是嘴唇碰到乳头时的一种条件反射，当其他的物体跟宝宝的嘴唇接触时，宝宝都会拒绝。

在最初的几个月里，拘泥的活动方式变得越来越灵活。在一项观察中，一个9天大的婴儿碰巧碰到了爸爸的手，他想要吮吸，但立刻放弃了；他接着抓起了被角，似乎想要吮吸，同样也放开了，显然，这阶段对婴儿的嘴巴来说，什么也取代不了母乳。但在一两个星期之后，婴儿开始吮吸起自己的大拇指，慢慢地，他也开始接受大量别的物品，比如之前他曾拒绝过的被角，爸爸的手指和各种各样形状与质地的玩具。显然，婴儿渐渐调整他的行为，对更广范围的刺激产生了反应。

观察者还惊喜地发现，宝宝还表现出一种自动化的适应：最初吮吸的动作只发生在奶瓶与嘴唇碰触时，然后，在宝宝4个月大时，单单只是把瓶子拿手里给宝宝看，宝宝也会张开嘴了，这说明宝宝已经能够在物品与自己的动作之间建立起联结。但还不止这些，就在宝宝7个月大时，观察者发现给宝宝瓶子和给她勺子时，宝宝张开的口型大小和形状是不同的，正好与物品的外形相匹配。肌体这样的调整来自于经验，而对不同的经验进行整合的过程即成为宝宝智力开发的开始。

还有一个进步父母可能观察到了，只是未必了解其中的意义，即：宝宝的动作由无意行为发展为有意行为。

尽管儿童对环境的适应开始就是主动的，但他的活动最初并不是有目的有计划的，他的动作对环境的作用开始时是偶然发生的。比如：当婴儿用嘴巴吮吸、啃咬某件玩具时，并不知道口腔气流以某种形式灌入玩具内部时玩具会发出声响，他可能被突起的声音吓了一跳，或者被吸引，但宝宝还不了解动作与结果之间的内在联系，因而不会故意重复这个动作。但是，1 岁以后的宝宝便可能意识到这种联系，于是，宝宝开始主动用吹的方式来引发声音，有意动作便出现了。

案例中的宝宝置父母的阻拦于不顾，照样抓起东西往嘴里放，虽然看起来不乖，也让爸爸妈妈很头疼，但其实恰恰证明了宝宝发展出有意动作了。

但那并不是说宝宝父母只须任由宝宝任意"尝"试，其实，宝宝的父母仍有不少地方需要注意调整。

一、变"堵"为"疏"，引导宝宝用多种方式去探索物体。

对于宝宝的不当"尝"试，父母表示："制止他也不听，打他小手也不管用！"

或者，父母应该改变一下方式，就如大禹治水一样，不是试图去"堵"住滔滔洪水，而是采取"疏通"的方法，把宝宝探索的愿望引向能促进宝宝身心发展的方向上来。

对于打宝宝小手这件事，我想没有哪个父母能狠下心来真的打疼自家宝宝，所以，当你打宝宝小手以示警戒的时候，说不定宝宝还以为父母在和他逗着玩呢。何况，就算宝宝能明白父母的意思，我想他也一定很不解：为什么要打我的手呢？人长出双手难道不就是让我们拿东西的吗？要是我拿的东西不对你也不用打呀，我还小，我可才 1 岁多一点点，我怎么知道哪样东西是可以拿来吃的哪样是不可以的呢？如果它们不能吃，那到底是可以做什么的？你们总不会放些什么都没用的东西在家里的呀？

唉……不要用嘴巴说上一长串我还听不明白的复杂的话呢；其实，有的东西我试过几次后并不觉得它们有多好吃，比如你们叫"抹布"的那样东西，可是，我的嘴巴和小手总是需要探索的呀，我又无法走远，只能拿眼前的东西，如果你们觉得吃那些东西不好，那为什么不放些"好"的东西在我眼前呢？我又不是傻瓜，你们以为如果有好吃好玩的东西在身边，我还会吃那些难吃的东西呀……

如果宝宝可以把他们心里的话表达出来，父母会怎么想？是不是觉得孩子说的也是有道理的呢？

所谓变"堵"为"疏"，就是当孩子拿抹布往嘴里送时不是打孩子的手，也不是抢下抹布，而是温柔地阻止孩子进一步的动作，然后微笑着拿起孩子的小手，和孩子一起做"擦"的动作；当孩子拿玩具往嘴里送时也一样，温柔地阻止，然后带领孩子"捏""按"，甚至"摔"手里的玩具，当然，这里的父母首先要做一个有心人，放在宝宝手边的玩具应该具有某些特色，能够吸引宝宝探索。比如："捏"后会响的、"按"下会喷水的、摔下会弹起来或者会变色的，等等。

所以，与其用压制的方式警告孩子这些东西不能"吃"，不如用引导和鼓励的方式告诉孩子，这些东西可以这样、那样来操作。

当宝宝发现原来手上的东西有这么生动有趣的玩法，而"吃"它们却味同嚼蜡时，宝宝哪里还会有"品尝"它们的兴致？他会以新的方法去理解和接受它们，并且，在熟悉了这一切后，宝宝还会有进一步的意识，它们是不是还可以用来做别的呢？于是，宝宝主动探索的行为出现了：他可能拿着蛋糕乱捏乱抠，把喝牛奶的杯子也往地上摔……

这时，不明就里的宝宝父母可能又发愁了：这宝宝才改变不乱"吃"东西的毛病，怎么又变成"破坏王"了呢？

必须承认，成长中的宝宝总是不断地给父母带来"惊喜"。区别是：对蒙在鼓里的父母是有"惊"无"喜"；对善解童意的父母方是有"惊"有"喜"。

二、采用分类、分区域的方法，方便宝宝掌握规律。

如果父母把玩具和食物混在一起放，那便意味着在宝宝眼里的情形是这样的：父母从那里取出东西，递给他吃了；父母从那取出东西，递给他玩了。幼小的宝宝还没有相应的经验去判断玩具和食物的区别，他看到的情形就使他形成一种印象：放那里的东西可以吃、可以玩。于是，宝宝可能就把吃的食物当玩具来玩了，同时，又把玩具当食物来"吃"了。

可见，父母对物品和环境的管理十分重要。

首先，把宝宝活动区域内的物品分类摆放：食品、玩具、父母用品、家庭用品，分门别类，但不要过细，本质上不同即可。

其次，分区域管理。

仅仅是分类还是不够的，如果宝宝在玩玩具时父母递给孩子食物吃，在吃食品时又递玩具给宝宝玩，仍然会影响宝宝对环境和物品的判断与归类。因此，还需要进行分区域的管理：在放置玩具的区域里才让宝宝玩，玩毕把玩具归位；同理，在放食物的地方让宝宝进食，吃过后清理桌面。

当周围的环境是清晰的，有条理的，并且也是合理的、舒适的，宝宝的适应力和理解力会让父母大吃一惊的。可能，当一个做客的朋友把一样新异的玩具递到宝宝手上时，你会发现宝宝并不是立即就尝试，而是会到他的"玩具区"去玩，因为，他早已形成了习惯。

而在宝宝形成习惯之前，父母需要注意的是：不能用阻止的方式教训宝宝，而是用"修正"的方式巩固印象。比如：宝宝在玩具区吃东西时，不要对宝宝说："不能在这里吃东西。"而是将宝宝重新带回到食物区，温和地向宝宝强调："宝宝在这里吃东西。"

宝宝成为"黑手党"的六个可能

我家宝宝快满 11 个月了，在他 8 个月左右时，他的小手就开始不安分了：把餐巾纸拉拉扯扯或团团，再往嘴里送；蛋黄派拿手里，不吃也不放下，死死地攥着不松；玩具不好好玩往地上扔……不过这些麻烦都还小，不算什么，但近来麻烦开始升级了：抱着他在彩色挂图前认识水果："菠萝，看，昨天晚上宝宝吃过的水果，现在再认识一下。""嚓！"小家伙伸出小手一揽，挂图烂了。我也不是无知的妈妈，知道宝宝的不少破坏行为都是出于好奇却又缺乏生活经验，所以，我也没有责怪宝宝，只是下次再带他识图时就稍站远一点儿，让宝宝够不着。可这也没让宝宝的手闲着，往往你正向他谆谆善诱呢，他围在你脖子上的小手就掐了你一把，让你措不及防……

前两天和一位女友谈起这事，哪知她告诉我：这根本都不算什么，因为我的宝宝还不会走路呢，等孩子会走会跑时简直就是地道的"黑手党"，不仅家里的鱼缸、花瓶这样的易碎品要当心，连电脑、吸尘器、电视遥控器、手机等科技产品都得当心，而且，还多了安全隐患，唯恐宝宝乱吞了东西，或扎伤了自己，如今家里电器多，更怕宝宝乱抠乱摸触了电……总之，灾难才刚刚开始。我一听头皮都麻了，问她有什么好办法，她说哪里有良方呀，熬呗。反正这个阶段总会过去的。

真的只能这样吗？难道父母只能被动地防着宝宝，等他从"黑手党"自动退役吗？

解读：教育家苏霍姆林斯基说过："儿童的智慧在他们的手指尖上。"的确如此。不知道宝宝的父母们是否了解，儿童的认知发展大致分为4个阶段，其中，0~2岁为"感觉运动阶段"。而之所以这样命名，正是来源于这一阶段的主要特征，也就是说，0~2岁的宝宝了解世界是由他们在环境中的动作而产生的，知识的获取来自于宝宝吮吸、抓、抚摸、咬和其他一些对环境物体的外在反应，而不是通过宝宝内在的思维过程，在头脑中把握和操纵物体（这种能力宝宝当时还不具备）。但是，瑞士心理学家皮亚杰相信最初的以动作为基础的阶段是思维发展的萌芽，皮亚杰认为感觉运动是外在的活动，思维活动是在此基础上发展的内在活动。

以下内容为皮亚杰对其10个月大的儿子所做的记录：

"他接连不断地抓起塑料天鹅、盒子等物品，再把胳膊伸开，让这些东西从手上掉下去，他很明显地让掉的姿势不同。有时，他竖直地伸出胳膊，有时，他斜着，搁在眼睛的前面或后面。当物体落到了一个新的位置，他会让这个东西在同一位置再落两三次，仿佛在研究空间关系，然后，他又进行调整。在某一时候，天鹅落在他的嘴旁边，他没有吮吸（尽管这个东西本来是这样用的），而是把它又扔了 3 次，而他的嘴巴仅仅是象征性地张张。"

在上个案例中我们说到，宝宝的行为模式由拘泥变得灵活，也由无意转为有意，那么，这里我们要提到第三个变化：由单一变得丰富。

最初，宝宝四周的东西放在那儿只是被看、抓或吮吸，后来婴儿了解到可以在同一物体上同时按某种协调的方式，做一系列不同的动作。比如，很小的婴儿只有在他的手指跟物体碰到时才会去抓住物体，他不会把物体拿到眼前察看。尽管在早期，当物体与手处于同一范围之内时有可能会发生，但仍属于无意活动。所以，主动获取物体来体验它的能力是后来发展的。最终，婴儿能够去拿他看到的东西，也会看着他拿的东西；并且，他也会让新获得的视觉运动模式与吮吸协调起来，他会把物体拿到嘴边，或者摇动它使之发出声音，这样就有了声音从而把听也带到了视觉图画之内了，其结果是，儿童的运动技能越来越复杂，越来越协调，也越来越有效了。

在此诠释一下皮亚杰对宝宝"经验"的独到看法。

皮亚杰的发展理论的基本观点，认为智力发展是儿童与环境动态的和持续的朴素作用的结果，单方面强调儿童的天性或单方面强调环境的影响是无意义的。相反，如果我们要了解儿童怎样获取知识，我们需要在一段时间观察儿童如何作用于环境，环境如何作用于儿童。

为了把儿童通过感觉运动获得的经验与社会经验相区别，皮亚杰使用了"物理环境"这一名称。鉴于宝宝与环境的交互作用是其认识的来源，因此，宝宝必须对物体作出动作。宝宝在这种动作练习中得到的经验，不同于在社会环境中得到的社会经验。皮亚杰把这种经验分为两类：一类称为"物理的经验"，是指宝宝施加动作作用于物体，从而获知物体的特性；

另一类称为逻辑－数理的经验，是指宝宝理解动作与动作之间相互协调的结果。在皮亚杰看来，知识来源于动作（动作起着组织或协调作用），而非来源于物体。这也正是苏霍姆林斯基"儿童的智慧在他们的手指尖上"这一说法的理性阐发。

知识是通过儿童－环境相互作用而构建的。它既不全是由宝宝的内在组织起作用，也不仅仅由物理环境提供，而是由宝宝积极地探索事物及后来的想法而产生的。获取知识是建立在行为基础之上的，不是一个被动的信息积累过程，这一点适用于所有年龄段。就像婴儿需要摆弄手中的物体以便弄清它的性质一样，学龄儿童需要调试头脑中的想法以便弄明白它们的各种可能性。

但要注意，这一原理适用于所有年龄段，但发展水平却是分阶段而不同的。认知建立在动作之上，宝宝必须依靠感官和动作来学习和理解他们的环境，这一特征是0～2岁的宝宝所具有的，而2岁后的宝宝已经能够脱离这一情境，可以通过更高级的形式来理解世界了。

因此，宝宝的"黑手"行为对于不同年龄段的宝宝意义是不一样的。2岁前的宝宝基本上是出于认知的需要，2岁后的宝宝则可能为多种原因了。

这里不妨全面探讨一下宝宝"黑手"的原由。

一、好奇，探索物体的性质。

受经验－依赖系统的限制，宝宝的智力不是从较复杂的思维过程中开始，而是从最基本的、与生俱来的反射性的动作模式开始。尽管这个生命体还很原始，但他已经能以非常具体的方式，利用所获得的任何信息进行一系列的活动。宝宝知道如何选择、解释、转化和改造经验以便适应他们已有的心理结构。在最初阶段，这些结构都很简单，主要是反射性动作，如吮吸。因为吮吸在这个时段是占绝对主导地位，决定了这个年龄的儿童如何操作他们得到的物体。与此同时，婴儿也在接触过程中获知物体（比如娃娃）也有别的玩耍方式。这样，宝宝不再单一实施吮吸或咬的动作，新的摆弄娃娃的方式也出现了：抚摸、拥抱、折、摇动等。无形中，由"嘴"的动作过渡到"手"的动作。因此，宝宝的动作模式是可改变的，他们与外部世界的事物相互作用、变化、调整、结合，从而变得更复杂。

某种意义上来说，宝宝是通过手来思考的。古人云：心灵手巧。可见，即便是那时的人们也发现了心灵与手巧之间的正向关联，只是，这个词组换一下词序会更妥帖：手巧心灵。

二、意外失手。

我们懂得对成人的行为不仅仅看结果，更重要的是动机，然而当我们面向宝宝时却偏偏忽视了这一点。当我们无奈地戏称宝宝是"黑手党"时，我们的眼里只有"结果"：台灯碎了、果盘翻了、羊毛地毯上多出一推牛奶汁、妈妈梳妆台的小抽屉居然拉落在地上，最重的一瓶爽肤水爆裂了……

的确，这一切都给父母带来麻烦。但是，坦白地说，它们极可能都只是意外。

即便是意外父母也仍然不会放过宝宝的，因为，在父母看来，出意外本身就意味着宝宝不小心，如果小心了怎么会出意外呢？

真的吗？

给你一把菜刀你自然能顺利地切菜，可我要给你一把关公的青龙偃月刀，你还能切好菜吗？我可以减去 10 倍，就 8.2 斤好了，你小心点儿就行了，保证不要切到自己的手指头哦。

如果你做不到这一点你会认为是自己的错吗？而不是指责我给你的刀太重太不适用？

那么，我想说，我们的宝宝真是太乖了，当爸爸妈妈批评他捣乱时，他从来就没责备过父母：台灯放得太高了我好难够着，按钮太涩了我要拼命用劲才按得动，我踮起脚来使劲按开关，就把台灯按到地上，灯泡碎了；我端果盘给奶奶请她吃水果，像她对我一样，可果盘太重了，我端起来后没端住；牛奶盒倒是不重，不过我往外倒时它自己会歪向一边，牛奶就这样洒地毯上了；妈妈的小抽屉很神奇，妈妈每次打开它在镜子前抹呀描呀，就变得好漂亮，我想看看里面是什么让妈妈漂亮的，可我真不明白，明明爸爸放键盘的小抽屉是抽不掉的，为什么妈妈的小抽屉往外拉就掉出来了呢？那个瓶子砰的一声响，把我吓了一跳，妈妈为什么批评我？

我还以为她会抱着我，拍拍我安慰我呢……

宝宝意外失手既是因为缺乏相应的生活经验和一般性常识，同时也是因为在他身边大部分的设施与工具都是为成人量身订做的，宝宝操作它们就类似于父母用关公的刀切菜，实在是非常力不从心的。所以，只要宝宝仍生活在一个与他的身体状况和个人能力格格不入的环境中，无论他怎么小心，出错都在所难免。

三、模仿与假扮性游戏。

2009 年 12 月之后，美国先后有超过 50 名儿童染病，原因是这些儿童亲吻了青蛙，患病儿童的范围遍及 25 个州。他们都是感染沙门氏菌，并且需要留院诊疗，而染病儿童大部分为 10 岁以下的女童。这次儿童染病事件在《公主与青蛙》上映后出现，加上电影有一幕是青蛙获公主亲吻后变成王子，因此怀疑病童可能是模仿电影情节。美国一些专家纷纷提醒儿童，切勿模仿电影中亲吻青蛙的行为。

这让人想起当年《还珠格格》热播时，全国发生了数起儿童仿效剧中的小燕子，或飞身从高空跃下，或吊颈学上吊从而至残至死的事例。

对于幼童而言，模仿是他们进行社会学习的一个重要方面。而假扮行为与假扮游戏有着比模仿具有更多的想象力。研究发现，婴儿大约在 18 ~ 24 个月时开始出现假扮行为，而且，即便没有用来参照假扮行为的原型，即便在假扮行为为亚文化所不赞成的情况下，这个时期的婴儿仍然如期表现出假扮行为。这些现象表明假扮行为具有自身的生物基础，是个体生理与认知发展过程中的必然产物，属于先天性遗传行为。

假扮游戏的发展具有明显的阶段性。儿童的假扮行为经历了一个由无到有、由外显到内隐的过程。15 ~ 18 个月婴儿的象征替代行为明显增加，到 24 个月时达到顶峰。1 ~ 2 岁的婴儿有 5% ~ 20% 的游戏时间是在进行假扮游戏。2 岁的婴儿不仅自己进行假扮游戏，而且十分擅长对演示者的假扮行为作出理解和反应。同伴间的社会性假扮游戏大约在 4 岁时出现，如果生活环境中有更擅长假扮行为的母亲、父亲或兄姐，那么儿童出现社会性假扮游戏的时间将提前。尽管皮亚杰认为在儿童中期假扮行为的发展出现下降趋势，但小学阶段的儿童仍然会在空闲时间里进行假扮游戏。

由于宝宝受认知发展的局限及社会生活经验的缺乏，很难把握模仿和假扮游戏时的分寸，于是，模仿妈妈浇花把泥水弄了一阳台最后还摔碎了花盆；假扮《哈里·波特》里的魔法师最后用"魔法"毁坏了家中的装饰；当然，更多时候宝宝的破坏力是极有限的——如果不是以金钱损失而是以破坏程度而论的话。比如，宝宝的"黑手"可能只是把妈妈的黑色长裙动了少少手脚，然后当成斗篷披到了背上，当妈妈为那条一两千元的裙子心疼时，你可不要指望孩子会感觉多负疚，毕竟，他对金钱的多寡还没有概念，再便宜再昂贵的黑裙在他眼里都一样，只是一块在当时很适合用来当斗篷的黑布而已。当父母训斥"黑手"的宝宝时，宝宝心里说不定正伤心呢，这种围在身上叫"裙子"的布片，妈妈好多条呢，我不过只拿了她一条而已，再说了，我一条这种布片都没有，我要有的话肯定先用自己的做斗篷。爸爸妈妈，难道你们就为了一块布来责骂我吗？难道你们喜欢一块布还多过喜欢我吗？

四、情绪宣泄。

我曾在电视剧里不止一次看见这样的镜头：一个生气的（或失望的、伤心的、愤怒的）男人胸腔一股火气无处可发，于是，一拳砸向玻璃镜（有时会是墙），镜子碎了，男人的手亦流血了。我想很多人对类似的场景都不陌生。

网络曾盛传 80 后夫妻的《吵架公约》。其中第七条是：双方只准文斗，不准武斗，要出气不准砸东西，只能吃东西，实在手痒只能砸枕头。

可见，即便是成年人，在负面情绪激烈的时候也仍有"黑手"的行为发生，更何况宝宝呢？

孩子常常会用一些破坏性行为来表达自己强烈的消极情绪：

妈妈又说话不算话了，妈妈是个骗子！瞧，桌子上不是妈妈的墨镜吗？我要把它摔地下！

为什么不允许我穿我最爱的那套衣服？为什么偏要我穿小姑送的这套去她家？就不就不，把这套衣服踩脏，看你们怎么让我穿！

都来责怪我说我打了丁丁，可明明是丁丁先欺负我的呀，我都没哭他还哭，他一哭大人都来批评我。我偏不哭，我就打——我不打他打布娃娃还不行吗?!

其实,这时候孩子是在处理自己的情绪,只不过,是用了不当的方式而已。父母若一味地指责和惩罚孩子并不能使孩子进步,可能还进一步加剧了孩子的不良体验。

人在激愤状态时只听到自己内心愤怒的呐喊,而听不进任何人的说教。反之,如果你用拥抱的方式阻止孩子的进一步行为,告诉他:妈妈知道你很不好受、很气愤。不过现在这样你是不是很累呢?是不是仍然不开心呢?妈妈陪你先安静下来好吗?

在孩子宣泄的时候说教无疑是火上烧油,父母要懂得先安抚孩子的情绪,然后是陪伴,别急着去教导。如何引导宝宝管理情绪应该在寓教于乐的游戏中,而不是实施为对宝宝的秋后算账。

五、摆脱困境。

"妈妈,我不想画了,我想玩会儿沙子。"

"可是,这画马上就要画完了呀,应该把手里的任务完成后才能去做别的事情,做事情不能半途而废的。"妈妈劝阻。

"哦,好吧。"孩子勉强地答应。

过一会儿,"妈妈,水彩笔漏水了,把画弄脏了。"

妈妈听闻赶紧过去,只见完成了4/5的图画被几大滴不规则的墨绿色弄花了。妈妈正待发火,孩子一脸无辜地看着她:"是笔漏水,不怪我的……"

午餐时间,某大班教室内,孩子们正吃着午饭,菜谱是莴苣肉丝。其间,男孩扬扬向老师说:"老师,我吃不掉了,我不喜欢吃莴苣。"

"不行,不能剩菜剩饭,不然小朋友的身体就缺乏营养,就长不高了,也容易生病了。"老师劝说。

孩子听到后继续吃,其实勺子很空泛地在碗里划拉,并没往嘴里送进多少饭菜。

一会儿,"啪"的一声响,是不锈钢碗掉落地上的声音。接着是孩子们的报告声:"老师,扬扬把饭碗掉地上了。"

正忙碌着的老师有点负气地说:"大班孩子还端不住饭碗?饭碗掉地

上你就不要吃饭了。"

扬扬似乎并没觉得受罚，反而一副如释重负的样子。

老师开始怀疑："你是不是成心的，以为饭洒了就不用吃了？过来，给你再盛半碗，你还得吃掉。"

当一个人身处困境时，期待摆脱困境是种正常、合理的反应，如果当时的你拥有选择权，事情就会容易得多，你只须选择离开困境就可以了。但若你是没有选择权的被动一方，那么，你唯有借助一些意外的发生来中断困境的持续。

画面弄污了，因而不必接着画下去了；饭掉地上弄脏了，因而可以不去吃完它了。

然而，这并不等于说宝宝是有心要这样的，虽然看上去像这么回事。其实，大部分时间，或至少在开始的时候，宝宝真的不是故意的。

宝宝虽然常常充当了"黑手"党分子，但却绝不是阴谋家。当然，如果父母愿意给宝宝一个阳谋的机会，就会发现宝宝的应变能力和生存智慧绝不在阴谋家之下。

假设这么个情景：冬日里，你就职的单位门口因自来水管道爆裂，积在路面的水未能及时干爽，于是有段路面结了一层滑滑的薄冰，而你每次走过那段路时都会格外小心，避免自己摔倒。某日上班路上你为一件需要时间去处理却不便明言的私事发愁，一时找不到恰当的理由向单位领导告假。临近单位门口踏上那段冰路时，你小心翼翼地走了几步，却转念一想，管他呢，真摔倒了也许就好办了，可以说扭着脚了要去诊所看一下，或衣服脏了需要回家换，就有理由告假脱身了。因为有了这个想法，你便不再提醒自己如何防范，而采取放任后果的态度从冰上走。因为冰面的确较滑，所以，你便真的摔倒了。

你的确期望能因摔一跤而有理由离开单位一段时间，但你确实没有预谋摔倒，也没有故意装着摔倒。你只是放弃你平时的防范措施，任由摔倒发生。

当宝宝在困境下因犯错而脱身时，常常便是这种状态。

宝宝使用一段时间的水彩笔后，便具有了对水彩笔的"物理经验"，了解什么情况下彩笔会比较"听话"比较顺手，而另一种用笔的方式则可能引起墨水外溢，当然还有别的一些细节。而了解了这些情况的宝宝也由此总结出自己的心得，知道如何调整自己的动作从而规避一些情况的发生。可是，当画画成了捆绑他的活动后，宝宝便不再积极地调动自己的能力去避免"意外"，反而宁愿"意外"发生。而往往——它便发生了。

若宝宝出现这一类"黑手"行为时，父母要了解的是：1. 说明父母要求宝宝完成的任务与宝宝能力不匹配，或者是难度大了，或者是强度过了，或者是孩子没兴趣，弄清楚具体是什么原因，然后先消除导致孩子"黑手"的"致敏源"。2. 正因为孩子的"黑手"并非故意，父母反而不能明确地向孩子指出来，因为，如果父母告知了宝宝其内隐的动机，等于提醒了宝宝，使宝宝原来在潜意识里的意念变得清晰、明了，结果可能是宝宝"恍然大悟"后反而真的开始动脑筋思考如何有意制造"意外"了。于是，父母的警告"激活"了宝宝的"创意"。3. 既然宝宝是为了摆脱困境而实施了"黑手"，父母便要注意别将宝宝置于困境中，尊重宝宝的愿意，及时跟进宝宝的发展需要才是正本清源的良好善后。

六、引起关注。

"妈妈，我想听故事，我想听妈妈讲故事。"

"妈妈有事，正忙着呢，宝宝乖，等一等，等妈妈有空就讲故事给你听……"

"爸爸，你不是说周末带我去植物园玩的吗？怎么你刚刚又答应你的朋友去钓鱼了？"

"哟，真对不起，爸爸一时忘了呢。没办法，爸爸已经答应过朋友了，下一周吧，下个周末爸爸一定带你去植物园。"

"又是下一周！！"

"爸爸，你带我去小区操场上踢会儿球好不好，浩浩爸爸就经常带浩浩去踢球。"

"唔……踢球要穿专门的运动鞋的，你又没有。"爸爸眼睛仍盯着电脑屏幕，手指在键盘上忙上忙下打游戏。

"那爸爸给我买一双就行了呀。"

"唔……你先让妈妈给你买来鞋子再说。"爸爸仍然没有转移视线，只是嘴里敷衍着孩子。

孩子无奈地转而去找妈妈，"妈妈……"

"嘘……"正煲着电话的妈妈赶紧向孩子做个噤声的手势，然后接着通电话。

"嗷……"孩子发毛了，"讨厌讨厌讨厌，你们讨厌！"

一会儿工夫，客厅小桌子上的物件纷纷被孩子划拉到地上。

瞬间，爸爸妈妈都围了过来："怎么了，你要干什么?!"

民间有句俗话十分有趣和传神："老虎不发威，你当我是病猫！"亲子关系中确实有这种趋向，即，当孩子在情绪正常并用合理的方式向父母提要求时父母往往报以敷衍、推脱、一再延迟和忽视的态度。似乎是答应了孩子，却极少能主动兑现，更谈不上及时了。当被忽悠的孩子因一再受挫而爆发，用"黑手"来进行抗议和表态后，一来为着平息事端，二来因为有所愧疚，父母几乎立即用迁就的态度去满足孩子的需求。重演几次这样的剧情后，孩子知道了：哦，原来一定要"发威"父母才会重视他，不再把他当"病猫"。

当孩子为了赢得父母的关注而去"黑手摧花"时，并非孩子爱出风头，也不是孩子冥顽不灵。只是他以为，他若不"黑"父母就不"理"，因为只有"黑手"才能得到父母的重视和回应（虽然有时是负面的回应）。宝宝就将这一经验保持并沿用下来，誓将"黑手"进行到底了。

既如此，父母若想杜绝孩子的此类"黑手"，首先需改变自己与孩子的互动模式。即便是本着礼尚往来的基准，只要宝宝"有话好好说"，父母也该"好好听"和"好好做"，别让"敬酒不吃吃罚酒"的消极模式迫使孩子变身"黑手"党。

第二章

每个孩子都身怀绝技

　　虽然，也有人说你很臭美，说你悄悄学模特走猫步，还动不动扭起腰肢摆 pose，可当他们模仿你时我"扑哧"一声差点笑折了腰。哦，他们以为我会因此就减少对你的爱吗？

　　真是可笑，我可不喜欢一个按标准生活的"标本妈妈"，我喜欢你是你，这样我的妈妈就是这世上最独特的一棵柳树。于是，在我眼里你总是那么醒目，使我永远能够从众多柳树妈妈中一眼就认出你。

序 言

妈妈，如果你是一株柳树的话，你会轻视松树吗？

你会说：可怜的松树，一辈子只穿过一件衣服，一年四季都没换过。当然啦，它就算换了也没机会洗，因为小河离它那么远，它怎么伸长手臂都够不着。

你会说：可怜的松树，一辈子都不知道自己长什么样吧？它不仅没有河水用来洗澡洗衣服，也没有水用来洗脸、梳头、照镜子……哦，更别说化妆了。

然后你松口气说：谢天谢地，幸亏我不是松树。

当然，妈妈，我喜欢你是棵柳树，我喜欢你月牙一样的眉毛和随风飘逸的长发，我喜欢燕子在你的肩上筑窝，而她的宝宝在你耳边啾啾地唱歌。我也喜欢你偶尔的童心未泯，偷偷从湖里掬起水珠扬到我身上迫我脱下脏外衣，却哄我说是"宝宝金水"，煞有介事地夸我配得起一身"梦的衣服"。

虽然，也有人说你很臭美，说你悄悄学模特走猫步，还动不动扭起腰肢摆 pose，可当他们模仿你时我"扑哧"一声差点笑折了腰。哦，他们以为我会因此就减少对你的爱吗？

真是可笑，我可不喜欢一个按标准生活的"标本妈妈"，我喜欢你是你，这样我的妈妈就是这世上最独特的一棵柳树。于是，在我眼里你总是那么醒目，使我永远能够从众多柳树妈妈中一眼就认出你。

如果我也长成一棵柳树，我想我并不介意。

可是，如果，妈妈，如果我长成了一棵松树，你会怪我吗？

我也喜欢着一身戎装，挺拔地站在高高的山冈上，我能眺望远处黛青色的山脉和村庄袅袅升起的炊烟。辽阔的土地有时是绿色的，有时是彩色的，有时是金黄色，有时是褚色，有时是白色。每种色彩都画着一个不同版本的故事，虽然有重叠的地方，却从来不单调。所以，我一向没有看厌的时候。

有时我希望我能长出脚，悄悄走近捉迷藏的小动物身畔，跳出来叫一声："找到你啦！"最好它是小松鼠，那个小家伙，谁让它每天上上下下时总是用毛绒绒的尾巴撩得我鼻孔发痒。妈妈你瞧，它就是这样！

当天空移动着一个、两个、三个……黑点越来越大，越来越快，仿佛挟着长风。我就知道：那是我的战机——鹰，出来巡逻了！

哦，妈妈，现在你知道我是指挥官了吗？你看，我是多么英武！

那么，妈妈，你真的不会怪我成了一棵松树？
一头短发一身旧衣与石为伍，不温柔不浪漫的松树？
谢谢！谢谢你妈妈，谢谢你说你依然爱我，只因——我们都是树！

可是，我开始忧愁，如果，如果我没有成为一棵树呢？
如果我和你一点都不像，如小蝌蚪不像青蛙妈妈，毛毛虫不像蝴蝶妈妈一样，妈妈，你还会爱我吗？
你会游到远远的河里藏起来，让我怎么都找不到你。即便我找到你你也会说："你是哪家的大头娃娃呀，你有四条腿吗？你能上岸捉害虫吗？你能和朋友一起合唱吗？你看，你一样都不会，你怎么可能是我的孩子呢？"

你会飞到花心中装作看不到我，我一再叫你时你只是傲慢地瞟我一眼，然后，对花朵说："亲爱的，看到那条胖胖的、蠢蠢的，爬得很慢很慢的丑八怪了吗？他说他是我的孩子，太让人笑掉大牙了，就像是说癞蛤蟆是天鹅生的一样。"

花儿笑得花枝乱颤，花粉都纷纷扬扬地洒了出来，把我的眼睛都迷住了，而我，连揉眼睛的勇气都没有了……

妈妈，告诉我，你会这样对我吗？

谢谢！谢谢你妈妈，谢谢你说爱我，不为任何原因，只因——我是你的孩子！

爸爸、妈妈，我也爱你们，不为任何原因，只因——你们是我的父亲、母亲。

因为爱，所以爱。

你们的宝贝

每个孩子都身怀绝技

蝴蝶大概是世界上最美妙的生物——既像花儿一样的美丽，又像鸟儿一样自由飞翔，并且，它们几乎个个身怀绝技。

印度枯叶蝶的翅膀是最完美的伪装——和地面上的枯枝落叶融为一体。当两翅并拢时，就起到了很好的隐蔽作用而不容易被天敌发现。当危险解除后，它们就伸展开翅膀来展示它们腹部橙色和紫蓝色的图案。

蓝色大闪蝶翅膀泛着淡蓝色荧光，来自于翅膀上成千上万的半透明鳞片，这些鳞片可以滤出可见光中的蓝光，并使之从翅膀上散发出来。它能在天敌接近的时候，快速地拍动翅膀产生一道闪光，把天敌吓跑。

线纹紫斑蝶雄蝶在被捉时，能在其腹端翻出一对排攘腺迅即散发恶臭，使食虫鸟类等天敌不得已而舍弃。

红角大粉蝶的幼虫在受惊时，能抬举起虫体前 5 节，配合其腹面特有的斑纹，酷似攻击前的眼镜蛇的姿态，恐吓外敌，藉以自卫，得免于害。

被称为"猫头鹰蝶"的蝴蝶便是因为它们翅膀上巨大的眼状斑纹。它的功能是显而易见的——模仿瞪大的猫头鹰脸来恐吓附近的掠食者。

大蓝蝶更匪夷所思：它们先是把卵产到红蚁巢边百里香花朵的花蕾上，孵化后，毛虫一直很小，许多最终掉在地上，它们居然释放出吸引红蚁的化学物质，使其以为它们是蚁幼虫。然后红蚁就把这些小毛虫带到其地下巢穴中。在那里它们要待 10 个月，靠蚁幼虫为生，直到它们化蛹，成为成虫。

把伪装技术与欺骗手段综合利用得最玄妙的是阿尔康大蓝蝶与山地阿尔康大蓝蝶，它们刻意模仿后蚁及其幼虫，这种尊贵的身份不仅使它们会被红蚁迅速收养，还在蚁穴享受王室待遇——工蚁会主动饲喂它们，在食物紧张时，工蚁甚至会杀死其他后蚁幼虫来喂养它们！

蝴蝶就是这样告诉我们：别轻视弱小的生命，因为，每种生灵都身怀绝技。

那么，人类的婴儿呢？

解读：婴儿首先怀有的技术叫偏好技术，当然，这技术是为了保障他们能尽早、尽快地适应出生后的生存环境。

视觉偏好

虽然，初生的婴儿在行动上和语言能力上不够成熟，但他们能够用眼睛观察环境并借此告诉我们他们的身心状态。

通过在有控制的条件下记录婴儿的视觉注意力，我们不仅能确认婴儿在看什么，而且确认他喜欢看什么。就这样，人们已反复证明从生命的最早期开始婴儿就有的视觉偏好：喜欢有图案的胜过平淡的表面，喜欢立体的胜过平面的物体，喜欢运动的胜过静止的事物，喜欢高反差的胜过低反差的轮廓，喜欢圆形的胜过方形的图案，以及喜欢对称的胜过非对称的视觉刺激物。

所以，可以说婴儿是带着专门的用于认识世界的技能与策略来到人世的。天生的偏好可不是随意的，而是有着他们特定的目标。而且，视觉的偏好技术也证明婴儿可不是被动地等着父母的关注——他们怎么可能还比不过蝴蝶呢？注意力的特定偏好正是为着婴儿可以在目之所及的世界中寻求对他们重要的信息，他们搜索——比较——再搜索——然后——停留。

哦，原来满足这些偏好条件的是——人类的脸部。

关于视觉偏好的研究多次证明，婴儿对人面部形状的刺激反应多于任何其他刺激物的反应，也许这并不令人惊讶，脸作为视觉刺激物具有几乎所有婴儿天生感到值得注意的特征：复杂、对称、立体、可动、有图案，而且经常出现在 8 英寸左右适合聚焦的位置。

婴儿的视觉偏好就仿佛上天为他们安装了脸部探测仪，只为着使他们甫一出生就可以凭借它去搜索到对自己的生存和安全最为重要的事物——人。

听觉偏好

当我们了解了婴儿的视觉偏好后，转而考虑婴儿对听觉世界的认知能力，但发现从前我们可能低估了婴儿，在这一方面，也有证据表明可能存在着一种推动婴儿主动关注某些环境因素的先天机制，而这些环境因素再次指向人。与视觉相比，新生儿的听觉系统的结构发展在很多方面已相当发达，事实上，从胎龄约7个月起，婴儿的听觉系统就已经在子宫中发挥作用。但是，婴儿在出生时或出生后短期内所具有的某些声音的偏好发展程度之高仍然令我们赞叹。

婴儿的听觉偏好在多个层次上有所表现，但总的来说，最容易吸引新生儿注意力的就是人的声音。

通常听觉偏好的测试方法是检查婴儿的辨向反应，如扭头，或生理指标，如心率。这些测试清楚地表明，就连早产儿对人声音的反应度也大大高于对任何非人的声音的反应度。因此，与对人脸的视觉偏好相似，新生儿的神经机制中似乎也存在对人声音的选择性注意。

在各种人的声音中，新生儿最喜欢的是成年女性的声音，婴儿对女性声音的明显偏好很可能是来自于出生前对母亲声音的熟悉。胎儿在产前进行学习的可能性，以及随后及早辨出母亲声音并将其与其他女性声音区分开来的能力，是近年来的重大发现之一。

幼小婴儿爱听母亲的话语，有其一定的特征——即成人对儿童说话时会自动采用的，具有夸张的语气、略高声调的声音，以及大量的抑扬起伏等特点的说话风格。

在一个实验中，当婴儿学会将头转向一侧时激发一种正常的话语，转向另一侧则会激发"母亲的话语"时，所有的婴儿都更多地扭头以听到"母亲的声音"。这也意识着运用母亲的话语会使幼儿学习语言更加容易。若真的如此，这也将是另一个有力的佐证，证明婴儿天生就具有促进其发展的生物机制，如蝴蝶带着它们各自的绝技一样。

游戏是孩子最好的学习方式

笨笨两岁半，最喜欢玩"打猎"的游戏。

爸爸教给他一些打猎的常识，比如打猎用到的工具——老虎要用钢叉、马要用绳套、兔子要用弓箭、蛇要用砍刀等。然后教给他一些特种兵常用的手势，比如行进中突然举起右手示意"停止前进，原地不动"，把手放在嘴唇上示意"不要出声"，伸出一个手指指向目的地示意"我们悄悄地向这里进发"，挥手向前表示"发起进攻"等。接着再把客厅分成几个区域，分别是中国、美国、俄罗斯、日本、北极、澳大利亚等。

于是，打猎行动开始了！

爸爸和笨笨分别处于美国和中国，把一个假想的老虎放在日本。

爸爸悄悄地把头从门里探出来，发现笨笨很紧张、很严肃地紧握着拳头四处张望，发现爸爸便等着示意。爸爸伸出一个手指，指向自己，再指指他，然后指向澳大利亚，再指向日本，示意一起出发经澳大利亚再到日本去打这只老虎。

于是笨笨慢慢地站起来，弯着腰，用手做出一个拔出钢叉的动作，开始缓缓地一步一步地绕向澳大利亚。爸爸从另一方向和他在澳大利亚会师，一起向日本行进。

途中笨笨有时会忘记了不能说话的要求，叫一声："爸……"爸爸便立刻表情严肃地把手指放在嘴唇上，告诉他一定要遵守纪律。笨笨就努力地把后面一个字咽下去，指指自己的屁股，意思是"我要尿尿！"爸爸大惊，立刻跳起来，一边抱着他冲向厕所一边说："尿尿你不早说！"

最后，他们到了日本。笨笨先蹲在离老虎不远的地方静静地埋伏。爸爸小声问："老虎注意到你了吗?"笨笨悄悄地说："没有!"然后一跃而起,向前用钢叉猛刺在老虎的身上,然后用一只手很轻松地就把老虎拿到中国了。

整个打猎的过程他绝对不苟言笑,严肃认真。

一晚上可以有很多的收获,猎物不计其数。笨笨就会问："爸爸!你说这里有什么动物?"刚才都打了什么谁还记得?于是爸爸就开始发挥:"有老虎、狮子、蛇、企鹅……""不对,今天没有打企鹅!我们今天打了老虎、狮子、蛇、马……"他毫不客气地指责爸爸的错误,并一一历数战利品。

对于打猎的工具笨笨是很讲究的,有时候爸爸说错了,他会立刻提出改正意见。

有了这么多猎物,笨笨就把桌上的果盘拿过来,好像那是一口巨大无比的锅:"爸爸!我给你煮煮吃啊!"

于是,空气中热气腾腾,香气扑鼻,大家开始大嚼……

(注:以上引自生活中真实的父亲手记)

解读:当儿童能掌握语言时,游戏的性质也开始改变。游戏可以让我们进一步了解儿童的认知能力,而由一些发展模型中,我们可以知道随着儿童的成长,他们的游戏如何演变。在这个发展过程中,假扮性游戏的出现无疑是重要的一步。皮亚杰指出,这代表了儿童从感觉运动的阶段进步到前运算阶段,因为儿童此时不会仅仅将物品视为物品,而是可以运用想象来假装这些物品代表其他东西。例如一根棍子,在手上可以作为一把剑,但是当跨坐在上头时,可以作为一匹马。一段管子可以当做医生的听筒,但是也可以假装成一条蛇。儿童可以假想自己扮演各种角色,像奥特曼、美羊羊或蜡笔小新;明星、白雪公主或时装模特儿。当儿童参与假扮游戏时,现实暂时不起作用,而由想象所代替。香蕉可以当做一部电话。但同时,儿童也可以很快地回到现实之中:当幻想结束时,儿童不会有任何迟疑地把这部"电话"给吃掉。

儿童的假扮性游戏在儿童的发展中具有非常重要的意义，其研究的历史可追溯至20世纪30年代，其间数度热议，及至80年代末90年代初，随着儿童心理理论研究热潮的兴起，假扮性游戏的研究再次迎来新的生机，但是，始终未有人能解开其中所有的谜。

虽然在已有定论的心理学著作里，大都认为一岁半的儿童才开始出现装扮行为，事实上，现实生活中儿童出现假扮行为的年龄要远小于一岁半，八九个月的孩子已经可以假装喝水、假装打喷嚏，甚至学电视人物的样子，假装中弹倒地了……

如果说，孩童的偏好技术已令我们赞叹不已，那么，孩子在假扮性游戏中展露的天分则令我们惊异。而令各路研究人马困惑不已，也使各种理论难以圆满的有两处重点，也是难点。

按理说游戏总是伴随着儿童认知技能的发展而发展，儿童只有具备必要的认知技能才能参与假扮游戏。当然，发展是相互促进的。与假扮性游戏有关的认知技能主要包括社会参照、解读意图、现实与假扮世界分离、符号化假扮、角色扮演等。

然而，实际上人们发现，这里面的很多技能儿童不仅在假扮游戏中比在现实情境中出现得更早，甚至，儿童在假扮游戏中表现出的认知能力似乎也超过了他们在真实生活中的表现，说实话，这有点让学者们不明所以。

"父子打猎"中两岁半的笨笨表现出的认知能力超出了以往儿童心理学家的评估。笨笨遵守规则的意识、记忆力、理解力、策划与组织能力、自制力、与同伴合作的能力、情绪能力以及高度的负责意识，都是一个两岁半的孩子在现实生活中很难做到的，包括笨笨自己。至少，难以将这一切统合在一起做到。我们还知道两周半的孩童在现实生活中自我中心的特点很明显，但与爸爸一起"打猎"的笨笨却能在游戏中很大程度地摆脱这一特点。

这情形令我联想起学龄前儿童在另一起事件中的异常表现。

蒙台梭利在担任助理医生期间，主要是治疗智障儿童。当时意大利把智障儿童与精神病患者一起关押在疯人院里。蒙台梭利对这些生活在恶劣环境中的儿童怀有深深的同情，决心用自己的智慧去帮助他们。针对这些孩子的问题，蒙台梭利用心研制了各种各样的教育工具，帮助他们手脑并用增进智能。两年后，这些孩子学会了许多她认为不可能的事情。她带领这群智障儿童参加当时罗马地区为正常儿童举办的考试（就像我们这边小学阶段的考试），结果全部通过。当时这件事轰动了整个意大利和欧洲，因为没有人相信智障的孩子竟然有能力通过政府举办的考试。当时的媒体用"奇迹"一词来描述她的成功，然而，蒙台梭利自己却说：没有奇迹，如果这帮弱智儿童做到了，只能说明通过正确的方法他们可以达到这个水平，而那些在正规学校学习的正常孩子的表现，也正说明他们所接受的学校教育抑制了他们智能的发展。

而后，蒙台梭利"儿童之家"中正常孩子的出色表现也验证了她的观点。

蒙台梭利的看法同样可以用来说明儿童在假扮性游戏和真实生活中认知能力的差异。即：儿童在假扮性游戏中的表现说明他们在适宜的情况下认知能力能够达到的水平，而其在真实生活中的差异说明当他们置身于成人为其提供的社会环境中时，他们的天分受到了抑制。

这与"游戏是孩子最好的学习方式"一脉相承。

无论是学龄前儿童的"万物有灵论"，还是"刻板思维"，还是"前逻辑推理"，还是"自我中心"或"前道德发展水平"，都决定了孩子的的确确只有在"游戏"类的情境中才能发挥自己的潜能。

对儿童严重心理问题的解决方法也从反面提供了佐证，很多严重的儿童心理问题几乎只可能在各种艺术的及游戏的情境中才能得以矫治。

本案例再次向父母们发出警示：儿童的学习形式对其学习效果有极大影响，既可以促进其认知能力的发展，亦可能抑制其认知发展的正常水平。

与其严肃地看管儿童"认真"学习，真的不如让他们在"玩"中成长。

假扮游戏能影响孩子的一生

在 1999 年度法国戛纳电影节首映式上，意大利影片《美丽人生》得到评委和观众长达 12 分钟的热烈掌声。

第 71 届奥斯卡金像奖是表彰 1998 年的优秀电影，意大利片《美丽人生》入围 7 项，为当时奥斯卡奖历史上入围最多奖项的非英语电影。并最终赢得了最佳外语片、最佳男主角及最佳戏剧片配乐 3 项奥斯卡金像奖。

作为外语片在奥斯卡金像奖中取得如此骄人成就的《美丽人生》，主要情节的展开凭借的竟是一个游戏——学龄前儿童深爱的"假扮"游戏。

主人公圭多因为是犹太人而被纳粹投入集中营，一同前往的还有 5 岁的儿子约书亚，随后，并非犹太人的妻子也自愿来到集中营，虽然无法与丈夫、儿子相望相守，也甘愿生死相随。在惨无人道的集中营里，圭多不愿意让儿子幼小的心灵从此蒙上悲惨的阴影，于是，天性乐观幽默的他凭着一个父亲的爱与智慧，告诉儿子这是在玩一场游戏，遵守游戏规则的人最终计分 1000 就能获得一辆真正的坦克回家。天真好奇的儿子对圭多的话信以为真，他多么想要一辆坦克车呀！

圭多告诉约书亚：如果你违反了 3 条规定中的任何一条，你的得分就会被扣光。

一、如果你哭。

二、如果你想要见妈妈。

三、如果你饿了，想要吃点心！想都别想！

如果这是个基于现实生活的规矩，可想而知一个 5 岁的男孩根本坚持不了多久，然而，在圭多精心设计的情境里，约书亚不仅安然躲过了某些险象环生的时刻，还抵抗住了饥饿、恐惧、寂寞和险恶的环境，最终积满1000 分，真的迎来了盟军的坦克。

"二战"结束后，许多集中营的幸存者回忆往事都痛苦不堪，更多的人后来患上了忧郁症。而一个 5 岁的男孩，由于相信这只是场需要他遵守规则的装扮游戏，最终不仅幸运地躲过死亡，还躲过了痛苦。他那伟大的父亲给儿子留下的并不是集中营灰暗的回忆，而是个美丽的"游戏"，一段美丽的人生。

这个案例仿佛特意是来解释研究者们对儿童假扮性游戏的疑问：

有足够的现象表明假扮行为具有自身的生物基础，是个体生理与认知发展过程中的必然产物，属于人类先天性遗传行为。但是，假扮行为不同于许多其他的先天性行为，它没有直接维持生存的功能；并且先天性行为总是为了使生命体更好地适应环境。但儿童在假扮游戏中却努力改变着真实世界的模样，那么，究竟这种天赋的神秘意义何在？

也许，这部打动了无数人，取得巨大成功的影片可以解开学者们心中的另一个结，即：人类何以会在基因中保留下假扮行为，这样一个表面上看来并不具备适应功能，并可能有碍于儿童适应环境的能力。

问题是，也许我们的认识太狭隘了，其实，并非认清现实、安于现实才有利于适应环境，有时，并且往往是在人生最艰难的时刻，有能力超越现实或让自己暂时游离现实的人才更能够获得内心的支撑，更具有自我力量，因而也更能够安然渡过危难。

或者，这就是《美丽人生》独具一格并深深打动我们的地方。

随着年龄的增长，儿童的假扮行为似乎是越来越少，但其实，内心的想象是一辈子的事，人们假扮的天分从未消失，只是悄悄改变了某些特质，幼年时外显的假扮转化为成年后内隐的假借。

当一个卑微的女子捧着《简·爱》，慢慢地挺直脊背时；

当一个受伤残疾的人被 8 分钟的《千手观音》深深打动，从此不再怨天尤人时；

……

那一刻，我们获得了耐受力，因为我们拥有了自己特定的参照物，我们假借了他们的身份、经历与感受，以此来勉励自己，或者以此来安抚自己的伤痛。更重要的是，我们不仅因他们的存在平衡了内心，获得了安宁，我们甚至凭借着向他们靠近的向心力而升华了自己。

成年人一定能够忆起，在我们人生的紧要关头，难道没有一些艺术形象、一些特定的虚幻人物或梦想在支撑和平衡我们的内心吗？可以游离于真实世界某一时段的残酷，难道不恰恰是另一种自我保护吗？

如果我们只能适应真实的生活，我们并不能高于动物，只有当我们凭着"假借"的勇气与智慧编织出了希望，我们才能超越现实，成为高于动物的人类。

假扮游戏是属于儿童的艺术舞台

在进一步认识假扮游戏的基础上，探讨它对于儿童的意义。

假扮游戏对儿童有许多方面的用途：情感的、认知的和社会的。

情感的

弥补与安慰：孤单的儿童有机会生活在充满朋友的世界，虽然现实的环境无法提供他们这个机会。同样的，被遗弃的儿童也可以想象着有一天他们会被他们"真正"的父母找到，而将他们带到新的充满爱与财富的环境。

释放与修通：幻想可成为真实的代替品，儿童可以在幻想中做一些被禁止的事情，以此释放心底的压抑的不良情绪，从而取得平复。

适应与把握：假扮性游戏可在儿童对自我身份排斥时提供一个参照物，使儿童在参照物的掩护下获得自我力量；假扮性游戏也提供一个机会让儿童学习面对生活负性事件，比如生病住院等。如果儿童扮演医生，而让他的小狗史诺比扮演病人，至少能让他对这种事件有所掌握，而有机会借此了解现实中的情境。

认知的

我们必须注意儿童想象力的发展，富于想象的扮演者具有操作、重新组合和延伸词与物，以及人物与行为等关系的经验。可以说，扮演帮助人们发展抽象思维。儿童如果参与大量的假扮游戏，他们通常更能够集中注意力，构想出更多的点子，更能灵活解决问题，以及表现出更优秀的计划能力来组织他们虚构的活动。

社会影响

当儿童有能力参与较复杂、较长时间的活动时，他们的社交能力会有长足的进步。过去单独从事的有趣活动，现在会和伙伴一起完成。然而，整合两个或者更多的幻想是件复杂的事，因此儿童付出很大的努力来构思，只有当这些被决定出来之后，游戏才能继续。这种共同的想象活动，并非仅仅是让儿童提出各自不同的幻想，而是有机会去学习如何融合不同的意见和期待，使结果能让所有人满意。

假扮游戏提供儿童一个空间去练习不同的技巧。他们可以延伸他们的想象力，以及学习到符号表现的使用。他们会面对情绪的问题，而试着去了解这些问题。他们会发现如何与别人合作来完成共同目标。所有这些都是在一个有趣的场所中完成的。在早期的学校生活，假扮性游戏会逐渐从儿童的行为中消失，而由具体正式规则的游戏（如球类、棋类运动）所代替，有理由相信，正是假扮性游戏赋予和推动了人类最初的创造力，并将我们引向艺术的方向——无论是能够创造它还是能够欣赏它。

假扮性游戏本身就是属于儿童的艺术舞台。

那么，亲爱的爸爸妈妈们，请像笨笨的爸爸那样，和自己的孩子一起去玩他们最擅长的假扮性游戏吧！

"哦，那就把太阳关掉！"
——儿童的"万物有灵论"

孩童 A：把太阳关掉

佚名：我小外甥小时候很喜欢睡觉，一次睡到太阳照到他的脸。他大叫："把灯关掉！把灯关掉！"告诉他是太阳后，他又翻个身不耐烦地叫："哦，那就把太阳关掉！"

孩童 B：牙还疼不疼？

妈妈带着女儿去医院拔掉了虫牙，回来的路上遇到妈妈的朋友，朋友听闻，关心地问女孩："牙还疼不疼呀？"女孩很认真地回答："牙留在医院里了，我不知道它疼不疼。"

孩童 C：有腿为什么不走路？

男孩看着客厅里的餐桌问妈妈："妈妈，这是桌子的腿吧？"
妈妈："是。"
男孩不解地自言自语："奇怪了，有腿它怎么不走路？"

众孩童：长颈鹿的脖子

问：长颈鹿长长的脖子有什么作用？
答1. 可以看见它的好朋友。
答2. 脖子长戴金项链好看。
答3. 这样能偷看农民种菜。

解读：孩子的话总是能令父母忍俊不禁，常常令人惊叹他们神奇的联想，竟比诗人都有过之而无不及。

的确，从某种意义上来说，每个儿童都是天生的诗人。只不过他们的诗人身份是有使用期的，过了某时段就自动失效了。仿佛诗神缪斯因为喜爱幼儿而特意伴随他们度过一段美好的光阴，这之后，她就悄悄走了。

诗人，在世人的眼里是浪漫、美好和想象力的象征，而儿童恰恰拥有这一切。

但若仔细研究宝宝的"诗意"，就会发现：哦，原来宝宝还不能清楚地辨别哪些东西是有生命的，哪些东西是无生命的，3～6岁的儿童会把一切事物都看成和人一样是有生命、有意识、活的东西，还会把自己的特征归到物体的身上，因此任何物体都被宝宝看成是潜在的有意识的。

皮亚杰称这种现象为儿童的"万物有灵论"，也叫"泛灵论"。

父母是不是也曾听宝宝说过类似的话，也曾为宝宝的童心与诗意莞尔一笑？

问：为什么有的气球会往上飞？

孩童1. 能飞上天的气球都是骨头轻的。

孩童2. 气球生气的时候就飞上去了。

坦白地说，诗人还真写不出这么富有创意的诗句。但那可不是他的错，应该说，那是成熟的代价。

3～6岁儿童这样的"浪漫"和诗人笔下的句子是有区别的，诗人的诗句来自于想象而不是来自于他对现实的认知，儿童这样的句子却是来自于他们真实的认知。只是因为他们的认知发展不成熟，他还不能区分有生命的物体和无生命的物体，因而才有了这样的理解。

最初，每一样事物在儿童眼里都是有知觉、有意识的，都像他们自己那样活动。比如：太阳是能"开"也能"关"的，拔下的牙会知道它"疼不疼"的。而在4～6岁左右，儿童把对人类有用的任何事物都看的有生命的，太阳是有生命的，"因为它带来光"；山没有生命，"因为它不会做任何事"。约在6～8岁，儿童认为只有活动的东西有生命，如桌子、花都没有生命，因为它们不能活动，而自行车、云是有生命的。等到 8 岁左右，儿童才把有生命的东西限于能自己活动的东西，如太阳、河流与风。最后，幼儿才能意识生命仅仅在动物和人类中存在，自然界中有生命的和无生命的区别有根本的不同。

"泛灵论"的实质：它源于儿童把事物归纳于他自己的活动之中，无法区别"心理的"与"物理的"事物，呈现出儿童内在的主观世界与物质的宇宙尚未分化的混沌状态。

我曾想过：认为什么事物都有生命，分明是身心发展受到局限的表现，应该是件不完美的事，可为什么，儿童居然能够用他们化腐朽为神奇的语句来装点它们的不完美?!

他们真的是天使，因为他们有神奇的本领令我们爱上他们的缺陷。

难怪有位父亲说：孩子是上天送给父母的最好礼物。

那就让我们享受并珍惜这份礼物吧。

我忍不住用天使的语句来结束这个段落：

问：有个老爷爷丢了一匹马，你认为马还会回来吗?

孩童 1. 那匹马肯定会回来的，因为它认识自己的脚印。

孩童 2. 我觉得马到外面去结婚了，不会回来了。

孩童 3. 会回来的，因为它的押金还在老爷爷这里。

戴着猫面具的狗也是猫
——儿童的"刻板思维"

佚名：我有一男同事，一日在路边小饭店喝酒吃饭。

见边上有一 3 岁出头小女孩十分可爱，就上去逗她："小妹妹，陪你玩好吗?"

那个小女孩看了他一眼说:"不好,妈妈说过小姑娘要和小姑娘一起玩的。"

我那同事不死心,又说:"我也是女的呀,你和我玩吧……"

最后那小姑娘回答的话实属经典,她看了我那男同事一眼,说:"我不信!你把裤子脱下来让我看看!"

解读:笑过之后千万别以为这个3岁的女孩长大后会是个黄蓉般的鬼灵精,她可是一点儿没有为难他、捉弄他的心思,她说的都是孩子的大实话,因为她确实认为人体某器官外观的不同才能证明是男是女,所以,她需要证实一下。

这一点为心理学实验所证实:

给学龄前儿童看一只真实的狗,然后,让他们辨认这个动物,他们都能正确地叫它"狗"。实验者于是又拿出一个猫的面具,让儿童在现场观看,在儿童的注意下给狗戴上面具。当再次问他们这是什么动物时,大部分儿童认为是猫。

每次把面具戴上或者摘下时,儿童们都相应地改变名称:戴上猫的面具就是猫,摘下猫的面具就是狗。

看来,他们的思维好像被一种感知上的特征所决定,这种特征其实是与动物的身份没关系,但儿童们在认知时却无法摒弃。

皮亚杰把儿童这样的思维特征称为"刻板性思维"。

以上两个事例表现出刻板思维这样两个特征:其一,思维的中心片面化:儿童在观察事物的时候,往往将注意力集中在事物最突出的(他已关注到的)一面,忽视其全貌。女孩仅以某部位差别才能区分男女;儿童的关注点只集中在狗的脸部,便出于这种中心片面化。其二,思维转化性的无能:儿童忽视,而且也不能把握事物从始至终的整体性的改变。一只狗,仅仅是头部戴上猫的面具,且在儿童知情的情形下,儿童还是会随着猫的面具来得出结论,说明,儿童不能在事物的外观发生变化时去理解并适应这一变化。

刻板思维另有两个更显著的特征：

首先，思维的不可逆性。也就是说，儿童不能沿原来思路的相反思路回到思考的出发点，这个时期的儿童只具备日常生活中的一些"概念"，而无法形成逻辑概念。在考虑事物或事件时，儿童以最初经历的顺序为基准，学龄前儿童不能在思维中改变这个顺序：他们的思维方式像他们的理解一样刻板僵硬。成熟思维的一个重要的优势就是，通过想象，人们能够按照自己喜欢的方式重新调整各种符号和表征的顺序，可以不必跟真实事物完全一样。这样，儿童只有在能逆向思考的时候，他们才能进行回头运算：只有那时他们才能懂得如果 $2 + 3 = 5$，那么 $5 - 3$ 也便 $= 2$，减法是加法的逆向运算，直到儿童能够逆向思考时才能理解这一原则，那时，他们才能真正掌握算数的基本原理。

其次，思维的自我中心主义。儿童相信自己想的也就是别人想的，他们自认为自己的想法永远是对的，正是这个特点使得孩子只从自己的角度去考虑问题，而不知道为他人着想，因为他们根本意识不到其他人会有与他不同的看法和感受。

"我还没有午睡，因此现在不是下午"

大人问："小白兔为什么喜欢吃红萝卜？"

幼儿答："因为它的眼睛是红的。"

幸亏是个孩子答的，听的人只觉开心，报以开怀一笑。如果是另一个成人的回答，我们恐怕就要琢磨这其中的逻辑了：难道小白兔的红眼睛是吃红萝卜吃的？还是小白兔因为眼睛是红的所以只能看到红萝卜？还是小白兔觉得红眼睛配红萝卜很谐调？呦呦呦呦……晕了吧。

无独有偶，另一个问题："汤圆为什么是圆的？"

幼儿答："因为嘴巴是圆的。"

忍不住想夸：好有道理，怪不得鸡蛋也是圆的。

只是，慢着，那方形的饼干是做给谁吃的呢？莫非有人是方嘴巴？那四喜丸子怎么吃，莫非要把嘴巴张成那么大？呦呦呦呦……昏了吧。

于是，你挠了挠脑袋，笑着说："这是什么逻辑嘛。"

解读：别说，这还真的是一种逻辑，也是幼儿经过推理得来的，可不是他不负责任随口乱说忽悠你的。

皮亚杰把幼儿的这种逻辑推理称为"前逻辑推理"。

与成年人相比，儿童的推理能力明显不足，他们还不能进行归纳或演绎思维，即进行从个别到一般，或从一般到个别推理的过程。相反，他们表现出一种推理，皮亚杰称这为转换性的。例如，他的女儿错过了她通常午睡的时间后，向家人宣布："我还没有午睡，因此现在不是下午。"在这儿运用的推理就是一个特殊（午睡）到另一个特殊（下午），得出的结论就是一个决定另一个，转换性推理就是在两个没有因果联系的具体事物之间建立一个因果联系，仅仅因为两个事件一起发生。

再有，把一种相关关系理解为因果关系，如：

大人问：要头发有什么用处？

幼儿答：给理发师一点事做。

头发的确需要理发师打理，但这只是一种相关关系，幼儿却解释为因果关系。

这样看来，儿童似乎很倾向于对事物之间的关系做出因果判断。然而，一旦儿童真的遇上因果关系时，却往往会出现另一种情况，那就是：儿童颠倒因果关系，比如，大人问幼儿："小朋友的脸是干什么用的？"得到的回答是："我的脸是用来洗的。"一个看到别人摔伤的孩子可能这么对你描述："那个人从自行车上摔下来了，是因为他摔断了胳膊。"我们在这儿又看到了一个在这个年龄的儿童会犯的典型错误，就是不能理解因果的顺序。

但是，皮亚杰在看待儿童思维的各个方面的时候，并不是简单地把它们归结为无知或者笨的表现；相反，他把这些做法看成是走向成熟的必要过程。

他总结说，儿童很大程度上是前逻辑，而不是没有逻辑。作为系统思想的一个根本组成部分的逻辑在这个年龄还没有发展到位，最终会从这些初级阶段的思维发展成熟。

所以，当你再听到孩子如此说时，就知道，这是"前逻辑推理"。

问：如果小朋友一天就长成大人好不好？

答：如果比爸爸妈妈大了，怎么叫爸爸妈妈呢？

问：小朋友们喜欢吃鸡的哪个部分？

儿童A：我喜欢吃鸡肉，因为我天天在锻炼肌肉哪。

儿童B：我想吃鸡爪子，因为吃了鸡爪子会走路。

根据年龄培养孩子的自我意识

1岁左右宝宝的妈妈在研究人员的指示下，在宝宝不知道的情况下，偷偷地在他的鼻子上点上了一个红点，然后不露声色地将孩子带到镜子前。让孩子照镜子前，妈妈本以为孩子会为自己的鼻子上多出个红点而意外呢，结果，宝宝的确觉得鼻子上多个红点的孩子很有趣，于是，他便被镜中的"那个宝宝"逗乐了，咯咯地冲他"笑"——显然，宝宝并不认为那是他自己。

上面这个实验叫视觉再认测试，是为探知幼儿的自我意识的。研究者的假设是：如果孩子能够认出镜子中的影像就是自己，那么，他们就能意识到红点是在自己的鼻子上，就会下意识地去摸自己的鼻子。

解读：当孩子意识到他们每一个人都是一个特别的存在，一个与其他人区别开来的、拥有自己身份的实体。这时，孩子就有了自我意识。

在婴儿期的最初时刻，孩子并没有一种对自我的感受，他们还不能把自己想象成一个有自身存在和特性的单独的人。

对宝宝所做的视觉再认测试结果显示：在 1 岁时，孩子通常被镜子中他们以为是别的孩子的影像逗笑，但是他们没有显示出对红点的特殊兴趣，这一现象基本维持在孩子 15 个月大之前。只有到了第二年的中期，他才有明确的表示：红点很有趣，并且那个红点是在自己的鼻子上。

当然，视觉再认只是自我意识的一个体现。也可以用其他的方法来测试，如，与孩子一起看他的家庭相册，指着两张相片中的孩子，用不同的称谓来指认："这是宝宝。""这是你。"

如果孩子重复父母的话："这是宝宝。""这是你。"说明孩子仍未有自我意识，及至孩子回应说："这是宝宝。""这是我。"或者"这也是宝宝"时，孩子的自我意识就形成了。

当然，若孩子能看着自己的照片直接说出自己的名字，或能够正确使用"你""我""他"的称谓，也证明孩子有了自我意识。

这方面的资料显示，孩子具有自我意识的时间也是从第二年开始。并且，可以肯定的是，在第二年末，儿童在自我概念的发展中迈出了第一步，也是最关键的一步，即分离的、独特的自我身份的确立。

自我意识发展的进程：

自我意识像是冰封的小河，是缓缓苏醒的，当宝宝对自己的认识达到以下水平时，宝宝的自我意识就清醒了：

☆能意识到自己的身体特征和生理状况。

☆能认识并体验到内心进行的心理活动；能认识并感受到自己在社会和集体中的地位与作用。

自我意识的发展大体经历以下 3 个阶段：

1. 生理自我

生理自我是个体对自己的躯体的认识，包括占有感、支配感、爱护感。人们有时把生理自我发展阶段称为自我中心期，这种初级的形态是以自我感觉的形式表现出来的。

大约在 1 岁末的时候，牙牙学语的儿童用手指可以拿到纸、笔，拿到什么是什么，但他知道手指是自己的，这样就把自己的动作和动作的对象区分开来，这是自我意识的最初表现。以后儿童开始知道由于自己扔皮球，皮球就滚了，进一步把自己这个主体和自己的动作区分开来。

两岁左右的儿童，开始知道自己的名字，这时儿童只是把名字理解为自己的代号，遇到叫周围同名的别的孩子时，他会感到困惑。儿童从知道自己的名字过渡到掌握代名词"我""你"时，这在儿童自我意识的形成上，可以说是一个质的变化。此时，儿童开始把自己当做一个与别人不同的人来认识。从此，儿童的独立性开始大大增长起来，儿童经常说"我自己来""我要……"随着儿童把自己当做主体的人来认识，他们逐步学会了自我评价，懂得了"乖"或"不乖"、"好"或"不好"的含义。

3 岁左右，儿童的生理自我基本成熟。在心理上开始出现羞耻心和嫉妒心等特点。

2. 社会自我

从 3 岁到青春期最初，儿童通过幼儿园的学前教育和学校教育，受到社会文化的影响，增强了社会意识，认识到自己是社会的一员，尽量使自己的行为符合社会的标准。这个阶段称为社会自我阶段。

3. 心理自我

从十四五岁到成年，大约 10 年的时间，这个时候，儿童的性意识觉醒，抽象思维能力和想象力大大提高。在生理和心理上急剧地发展变化的同时，促进了自我意识的成熟，儿童开始进入心理自我的时期。

　　在这个时候，儿童在意别人对自己的评价，希望引起别人的注意，儿童不再像以前那样满足，开始对自己不满意，希望改变自己的外貌、性格等。

　　心理自我是个人逐渐脱离对成人的依赖，并从成人的保护、管制下独立出来，表现出自我意识的主动性与独立性，强调自我价值与理想。这是自我意识发展的最后阶段。这时的个体能够透过自我意识去认识外部世界，而且这样的自我意识过程将伴随每个人的一生。

　　如何培养儿童的自我意识：

　　培养孩子的自我意识应根据孩子的认识能力，以生动形象的、孩子能接受的内容和形式进行。

　　从培养内容上看，父母应使孩子认识到世界上只有一个"我"。"我"是独特的，有好听的名字、黑色的头发、小小的嘴巴、大大的眼睛；"我"很能干，能用自己的双手吃饭、穿衣、剪纸、绘画、弹琴，能用自己的双脚走路、奔跑、跳跃、攀登，能用自己的鼻子闻出多种不同的味道，能用自己的耳朵听出各种奇妙的声音。"我"有许多优点，当然也有一些缺点，不过，经过努力，"我"能改正自己的缺点，做个好孩子。

　　从培养自我意识的形式上看，可采用各种孩子感兴趣的形式来进行：鼓励孩子在镜子前照一照，看看自己的五官长得怎么样、身材如何；启发孩子通过不同的手段，绘出自己的形象，比如躺在地上，请父母帮忙描出身体的轮廓，然后自己进行剪贴，或者画自画像等；引导孩子对自己的照片、作品进行分类、整理，按日期前后进行排列，或按照内容进行编排，建立一个较为完整的成长档案；把孩子的各种"作品"收集起来装订成册，使孩子能经常翻阅、观赏，为自己的进步感到骄傲和自豪。

孩子为什么突然"忘恩负义"

宝宝现在4岁了,上幼儿园中班,上周带他去超市购物,恰巧遇到了宝宝一两岁时在家带过他一年多的韩阿姨。韩阿姨是个很称职很有爱心的保姆,她在我们家带宝宝期间把宝宝照顾得非常好,那时宝宝也很依恋她,记得有一回韩阿姨因为家中有事请了四五天假,宝宝特别不习惯,在家里左也不是右也不是地闹腾到她回来。这次偶遇,韩阿姨非常高兴,看到宝宝也特别亲,可是宝宝的反应却很平淡,无论我怎么调动他,他好像和韩阿姨很陌生似的。这让我很尴尬。虽然韩阿姨似乎并不介意,一再向我表示孩子太小时不记事,可我仍觉得很对不住韩阿姨,自己费心血培育过的孩子这么"忘恩"怎么可能不令她心寒呢?宝宝是真的记不起那时的人和事了,还是感情冷淡呀?我有点纠结。

解读:即使在刚出生后的几周,儿童也会有一些基本形式的记忆。刚出世的婴儿能够辨识母亲的声音,并且很快就能够认得她的脸。回忆,这个比较复杂的记忆形式,也随之出现。因此,8~9个月大的儿童会因为看不到母亲而大哭,也能够去寻找不见了的东西。如果向他们示范一些动作,他们也有能力在一段时间之后模仿这些动作。这些都可以显示儿童在很早的时候具备储存信息的能力。

然而,令人奇怪的是,人们会对刚出生那两年的事情完全没有记忆,而且对以后两三年的事也淡忘。这个现象被称为婴儿期遗忘。这个问题吸引了许多学者的关注。弗洛伊德解释说这是性压抑所造成的,其他人则认为是因为大脑机制尚未成熟所导致的。还有早期记忆碎片的特点,婴儿在自我概念上的缺乏,以及儿童无法以成人理解的方式将信息符号化等各种说法。然而，因为缺乏足够的证据，这些说法都没有得到肯定。

其中，儿童此阶段语言的缺位及自我意识尚未清晰应该是最可能的因素。

首先，语言的缺位。

"语言是思维的工具"，语言在记忆的发展上，扮演一个重要的角色。当儿童尚未掌握语言这一形式时，虽然他的眼睛同样踏实地拍摄和记录下了自己的经历，但记录下的经历只能以单位格的方式一个画面一个面画地播放，像最初的幻灯片，而无法如播放电影一样以同步、匀速的进展连续放映。因而，儿童只能形成对片段的记忆却不能形成完整的、一致的对事件的记忆。只有当儿童能利用语言作用工具，使他们能够描述和思考已发生的事情，这个描述和思考的过程犹如一条线索，把片段按有意义的顺序组合起来，于是，每个没有建立链接的单位格联系起来形成了一个单元，当单元被当做有意义的整体来回放时，记忆便产生了。

这个过程十分贴近儿童画图中的一种拼图讲述，它把一个故事的情节用图画出来，然后各个图画并不是按故事展开时的顺序来排列，故而，在儿童无法把它们按正确的顺序排列出来时，他根本不知道故事说的是什么，而当儿童根据每个独立画面的意思整理出前后顺序后，故事情节才得以显现，也才方便儿童记忆下来这个故事。而这个对画面进行分析和整理的过程便需要使用语言。

所以，儿童并不是没有储存属于"婴儿期遗忘"期间的经历，而是这段经历像一粒粒散落的珍珠，只能够一颗颗地作为珍珠储存和提取，而无法作为整串珠子被一次性取出并作为项链予以佩戴。所以，对于记忆来说，语言引着"穿针引线"的作用，把一片片碎布缝制成一件成衣。可见，婴儿期遗忘是因为儿童缺乏或没有足够的技巧将经验转化为语言形式所造成的。

尚未形成明确的自我意识为"婴儿期遗忘"的另一因素，这道理就如：你的确看到了赤橙黄绿青蓝紫7件衣裳，但，你无法确定哪件是你的。那么，只有当它们以"蓝衣服""黄衣服"的标签被提及时，你才能被动地知道是哪一件衣服。当搜索的指令改为"我的衣服"时，你偏偏因不知道哪件是你的而导致大脑无法指认。

所以，语言的缺位和自我意识的缺乏极可能共同导致了"婴儿期遗忘"。

问"我从哪里来"时，孩子在想什么？

有一则笑话：孩子问爸爸"我从哪里来？"父亲心想，这怎么得了，这么小就有性问题，于是神色诡秘地回答他："长大以后，你就知道了。"孩子听完之后，非常不解地问父亲："为什么要等长大以后，人家小华很早就知道他是从河南来的。"

这则笑话十分形象地说明父母对孩子心理状态的误读。

其实，如果孩子尚幼，即使很具体地问父母"我是怎么生出来的"，他也绝非是对生育过程感到好奇，而是由于自我意识日渐明确，孩子开始对自己作为一个独立存在的个体产生兴趣，想知道"我是谁？""我是怎么存在的？"而绝非是想知道"你们是怎么把我生出来的？"

其实我们尽可以用鲁迅先生的一本书名来标注孩子的意图：朝花夕拾。

能确定的是，大约在第三年左右，儿童会对他们的过去着迷，并以一种一致的方式来描述他们的过去，形成一种自传式的记忆系统。

基本上，自传式记忆是关于儿童个人的生活经历，是一种由过去发生的事件所组成的情境记忆。这些事件对儿童本身具有重要性，并且会成为个人自我意识的主要部分。儿童在开始说话的时候，差不多就是他们有能力叙述过去的时候，但是他们刚开始叙述的，往往是那些刚结束不久的事件。然而在2~3岁左右，他们会明显地谈论很久前发生的事。这显示儿童开始发展一种明确的个人历史感。

21个月大的孩子对事情的各个方面已经有清楚的记忆，但是在清楚地表达时却很困难。然而，这与其说儿童词汇量不够，不如说他们在参与对话方面和提供连续的叙述时有困难，此刻向他们提供帮助的往往是承担养育责任的父母，采用的方法包括创造机会与儿童对话，给予儿童适当的提醒和重复他们的话，并且鼓励儿童说他们的经验，和父母分享记忆等。而分享记忆这部分对于儿童早期记忆的发展尤其重要。从与父母的对话中，儿童了解到过去是重要的，知道分享记忆需要一些叙述技巧，也了解当追求个人愿望时记忆是有用的。如前辈所言，儿童不只是学习去记忆什么或者如何记忆，也必须学习为什么去记忆，由于父母的帮助，儿童逐渐有能力以一种沟通的形式去组织和使用他们的记忆。

需要提醒父母的是，在与儿童分享记忆里，不同类型的父母所采取的方法及回忆的侧重点都很不相同，于是，他们提供的帮助也不同，对孩子记忆的影响更不同。

以下两种类型最为常见。

热心型

这类父母常常讨论过去，并且当他们如此做时，常会对于明显的事件加入大量详细的描述。他们鼓励儿童给予相同详细的描述，问许多问题，以及大量谈论儿童的回答。

冷淡型

这类父母对过去没有兴趣，很少讨论他们与儿童之间经历的事件，并不鼓励以大量的对话来处理这些事件，对于儿童的记忆，他们很少关注。他们也倾向提出直截了当的问题，并要求简单正确的答案。

这两种不同类型父母的孩子会用不同的方式来谈论过去，前者的孩子会用较复杂的方式来描述过去，以一种较一致和具有意义的方式来组织这些事件，并且倾向于使用过去的事件来引导目前的行为。因此，父母如何与儿童共同回忆过去，组织过去的谈话，如何协助儿童自己去谈论过去的事件，这些都对儿童回忆及思考每个记忆有重要影响。这就是自传式记忆发展的亲子互动模式。这个模式主张儿童的个人记忆依赖父母的社会实践，也就是说，记忆最初是通过与父母共同参与的描述所建立的，并且是由于成人支持儿童描述过去事件所产生的。因此，父母引导的关于过去的对话，会成为儿童个人记忆能力成长的基础。

第三章

给孩子金饭碗不如培养好情绪能力

情绪性受到父母与儿童关系类型的影响，因为不同类型的依恋和父母传达给儿童的有关情绪的接受性的信息是不同的，而儿童从中习得的经验和形成的观念会传承到以后的岁月，总结推广到其他的关系中，成为个人情感模式的一部分。

序 言

XU YAN

一位在美国生活的宝宝妈妈记下了令她印象深刻的一幕：

某天，这位妈妈去幼儿园接自己家宝宝，发现当时在宝宝班里的是一位新来的教师，也正因为这个原因，老师显然还没来得及去熟悉班里的每个孩子。所以，当另一位宝宝妈妈出现在教室门口来接宝宝时，老师找不到那位孩子，那么，最可能的是，那个孩子被别的事物吸引离开自己班级时老师没意识到。

即使是旁观者，这位中国妈妈也心里一紧。然而，令她意外的是，那位美国妈妈表现得十分淡定，什么都没说，只是和大家一起开始了寻找。

寻找了一阵后，发现小家伙在其他班级的一角玩得正投入呢。

孩子找到了，中国妈妈想，哦，是宝宝妈妈追究责任的时候了：要么是把班级老师指责一通，要么是把自家宝宝教训几句，也或者，两者兼而有之吧。

然而，结果却大大出乎她的意料，她以为必定会出现的几种情形居然一种都没出现。

只见美国妈妈牵过自己的宝宝，蹲下来，指向老师——一位年轻姑娘的额头，温和地对孩子说："你看，因为你走到别的地方不见了，把老师急得一头的汗都出来了。快，去安慰安慰她。"

结果，孩子走到老师的跟前，懂事地拥了拥老师，替她拭头上的汗。

中国妈妈愣住了：居然可以这样处理？！

意外之余她被打动了，并从中得到深深的启迪。

我想，这件事极有特色地显示了东西方文化的差异。

其中最主要的一点，就是西方文化的非道德评判，以及对人性的尊重。

一个刚接手新班级的新老师，分不清哪个孩子是自己班的、哪个是其他班的，故此，在一个孩子可以自由活动、自由选择的场所里，她未能及时分清哪个孩子走进、哪个孩子离开。

一个充满好奇、注意力既容易被吸引也容易转移的宝宝，从一个活动区域跟随着自己探索的眼光走到了另一个区域并坐下。

有什么必要非要去追究谁的过失？又或者，真有什么过失需要追究？有谁能从追究中获益吗？

我想不会，反而可能是两败俱伤：老师觉得委屈，孩子受到抑制。

然而，当孩子在妈妈的引导下去安慰老师时，孩子便将自己的行为与他人的感受联系起来了，知道自己的某些行为会给他人带来消极感受。那么，当下次孩子想要离开特定区域时，他会选择克制或者向老师做出告知。

所以，这位妈妈传达给孩子的其实是一种能力——情绪能力，了解自己的情绪。但还不够，还要能了解他人的情绪，并知道自己与他人情绪之间的联系，从而通过自律与他人情绪达成和谐。

我国的情形正相反：我们极少愿意接纳情绪，尤其是消极的情绪。

"闹情绪"是我们对消极情绪表达的一种统称，明显地带有负责评价。

"就这么点小事，还闹情绪，也不觉得难为情。"

"你可是优秀教师，要起模范带头作用，可不能动不动就闹情绪。"

"嘘……你妈今天闹情绪了，你小心点啦，别惹毛她。"

当然，积极的情绪还是被肯定的。比如，动不动就问孩子，高不高兴？开不开心？快不快乐？

然而更多的是对不良情绪的否定：不要难过了；不许生气！伤心有什么用呢？你有什么可担心的呢？

总之，生气、愤怒、忧虑、恐惧、伤心……孩子一旦表现出这样的情绪就会遭遇大人的狙击。

难道只有积极的情绪才有价值，消极的情绪就会起破坏作用，需要扼制的吗？

在以往，你会听到毫不犹豫的回答：是。

结果呢？

与发达国家青少年犯罪的情况（犯罪率）相比，美国常年保持5%上下，英国约3%～4%。据权威部门提供，我国青少年犯罪率为18%以上。而按广州市少教所的数字，目前青少年重复犯罪率高达30%以上。

当发生在美国的校园枪击案引起我们诸多质疑时，我们显然忽视了美国是个枪支开放的国家，家庭拥有枪支只是比我们拥有菜刀程序上麻烦点。

而我国青少年犯罪率却几乎是他们的4倍。

那我们可以想象：假使我国的青少年取得枪支难度只略高于从家里拿菜刀，青少年犯罪率又会是发达国家的多少倍？

当刘海洋硫酸泼狗熊、马加爵锤击同学、药家鑫成为"药八刀"后，我们依然只有铺天盖地的道德评价，多数是为了论证他们的道德品质是多么的败坏。总而言之，我们只要证明他们就是"恶"人，再为他们的恶找出相关责任人。

但，即使他们是恶人，也是缺乏控制的冲动型恶人。不是吗？

如果我们只会从道德出发去看问题，得出的结论就会是"中国的孩子比西方的孩子坏很多"。

难道这就是我们想要的结论？

而我更愿意认为：中国的孩子缺乏西方孩子的情绪能力，因而无法有效控制自己的情绪与行为，更易"冲冠一怒"起祸端。

就在我们对情绪普遍不看好的时候，西方却一向极为重视，对情绪的关注与研究热点迭起。远自达尔文的《人与动物的表情与情绪》，近至美国心理学家保罗·艾克曼博士集40年钻研之精华的《情绪的解析》《识破谎言》《解密脸部，从脸部线索识别情绪的指导》等一系列专著，1991年艾克曼博士获美国心理学会颁发的杰出科学贡献奖。他本人更是开发出了面部动作编码系统（Facial Action Coding System，FACS）来描述面部表情，在美国刑侦部门得以广泛运用。联邦调查局、中央情报局、警方、反恐怖小组等政府机构，甚至动画工作室也常常请艾克曼博士当情绪表情的顾问。

目前，如何看待和接纳"情绪"渐渐为国内早期教育所关注，据悉，在教育部即将出台的《3～6岁儿童学习与发展指南》中特别添加了这样的内容："注意帮助宝宝接受自己和别人的情绪，教导宝宝适当地表达自己的情绪，促进宝宝社会性的发展。"

此章特为以上目标而设。

关于情绪，你必须知道的

情绪是天生的吗?

在 1990 年进行的某个实验中，两个月大的孩子坐在婴儿椅上，胳膊上系着一根线。孩子们很快发现，胳膊一扯就会放出一小段音乐。他们对这会报以各种高兴的表现：张开嘴、睁大眼、大笑。当试验员关掉音乐，扯胳膊不再有想要的效果后，孩子们清楚地表现出各种愤怒的样子：咬牙切齿、撅嘴、皱眉。

解读：情绪是对一个特殊事件的主观反应，可以从生理的、经验的和外在行为的变化几方面加以描述。

情绪有生理基础，是人类天赋的一部分。在生命最初的几周里一些基本情绪就可以分辨出来，其他的情绪随后在发展过程的某一时刻才能出现，这是因为这些情绪所需要的更复杂的认知功能（如自我意识）只有在婴儿期之后才能出现。生理的基础意味着所有的人都分享一样的情绪，从与世隔绝的前文明社会中收集的人类学证据和对天生聋哑儿童的观察证实了这一点。但是，我们表达情绪的方式和场合会因抚养方式和经验的不同而不同。

大量的证据显示，儿童不需要教就会发怒、害怕、高兴。这些情绪是自然表露的，是我们遗传的一部分。专家对情绪在生命最早几周时出现的精确方式尚有不同意见，但大多数人相信有 6 种主要的情绪是与生俱来，并得以在新生儿时期分辨出来，它们是：愤怒、恐惧、惊奇、厌恶、高兴和悲伤。每一种情绪都有特定的神经基础，以自己独特的方式表现，有自己特殊的线索。各种表情的显现总是带有一些特殊的适应价值，比如：婴儿吃了难吃的东西时会有厌恶的表情。这是想要排斥这个东西的一部分反应，而哭是为了提醒养育者采取相应的行动。

虽然情绪在儿童期受到社会的影响，比如确立情绪表达程度和情境的标准，但是情绪具有先天起源应该说是肯定的。

情绪是怎样体现的？

☆激起情绪总是与某一个情绪相关的诱发事件有关。比如惊奇是由意想不到的事件引发，愤怒是因为目标被干扰，恐惧是危险场景引发的，耻辱是因为自尊受到打击。

☆生理成分比如变化的心跳频率和脉搏、加速的呼吸、出汗、皮电以及其他一些由自主神经系统控制的功能。

☆经验的成分即从内心产生的真正的感情，这是我们在个人经历里最熟悉的一个方面，它的一部分是意识到生理变化带来的觉醒，另一部分与我们对诱发情景及其影响方式的认知评价相联系。儿童期年龄增长最大的一个变化就是认知因素起越来越重要的作用：受惊吓的婴儿做出的反应都是恐惧，大一点的孩子就会采取一些行动，比如逃跑，所以他们不只是表现出恐惧，而是要控制恐惧。

☆外在行为变化是在观察他人的情绪状态时认知到的东西。最明显的标志就是面部表情，人们会发现，面部表情是情绪表现和再认研究的主要对象。声音变化（尖声表示恐惧）和特殊姿势（愤怒时会晃动拳头）是其他的外在信号。所有这些不仅让其他人知道此人情绪激动，而且让他们鉴别这种特定的情绪。

6 种基本情绪及其表征

情绪	面部表情	生理反应	适应性功能
生气/愤怒	眉毛向下连在一起；嘴大张，或者嘴唇抿在一起	心跳加速；体温升高；脸红	克服困难，达到目的
恐惧	眉毛朝上；眼睛大睁，紧张，直盯着刺激物	高而稳定的心跳；体温低；呼吸急促	学习恐吓人；回避危险
厌恶	眉毛向下；鼻子皱着；抬高两颊和嘴唇	心跳慢和体温低；皮肤发紧	躲避有害物
伤心	眉毛内端向上；嘴角向下，下巴朝上	心跳慢；体温低；皮电低	鼓励别人给自己安慰
高兴	嘴角朝上朝后；两颊升起，眼睛眯成一线	心跳加快；不规则呼吸；皮电提高	表示已经准备好接受友好的交往
惊奇	眼睛睁大，眉毛挑起；嘴巴张开；持续看着刺激物	心跳减弱；呼吸暂停；肌肉紧张消失	准备好去吸收新经验；扩大视觉范围

中国父母易忽视情绪能力

儿童情绪的作用

　　情绪，即便是消极情绪也并不像人们以为的那样，只是对我们的生活起到破坏和阻碍作用，它同样具有积极的功能。例如：害怕陌生人，这个现象从个体出生后第一年的后半段开始出现，婴儿越来越能有区别地对待抚养者之外的其他人。结果是，婴儿对陌生人的任何行为都以焦虑和不安来反应，反应的强度不同，这种不同是因为陌生人的行为不同以及婴儿的气质不同。这种情绪反应有明显的作用：它和反抗、退缩、寻求父母帮助这样的适应性反应有关。另外，婴儿啼哭是一种交流手段，可以提醒父母采取相应的措施。在婴儿能够使用语言之前，他们使用情绪反应和信号来告诉别人他们的需要和要求。因此，恐惧情绪可以保证婴儿只和值得信任的人在一起，不会随便被任何陌生人带走。毫无疑问，在最初将这种反应枝桠保存在人类的遗传库中有着十分重要的适应意义。所有的情绪都有适应价值，都有调节个体和人际关系的功能。

儿童情绪的发展

情绪随着成熟和社会化而改变。在发展中，新情绪出现了：比如在第二年、第三年，儿童开始表现出内疚、骄傲、羞愧和难堪。多种情绪交织在一起：恐惧和愤怒同时出现。当然，基本情绪会终生保留在人类的情绪系统中，但是它们出现的场景会随着年龄的变化而变化。特别是从第二年开始，不仅是情绪本身，情绪的符号表征也会引发情绪。即使孩子安全地坐在家里的椅子上，但是听着或者只是记起一个恐怖的故事，他也会感到恐惧。另一个值得提到的变化是：当孩子能够控制自己的行为、学会社会认同的反应方式后，情绪也会通过越来越微妙的方式表达出来。所以，当孩子学会"礼仪"后，情绪及其外在表现逐渐变得更超然：别的孩子得到了自己垂涎已久的一等奖时不要生气，得到的礼物是自己根本不想要的也不要表露出失望，甚至要表现出一种比真实的感情更"礼貌的"情绪来掩饰自己。

情绪发展和认知发展是紧密相连的。被称为自我意识的情绪，如骄傲、羞愧、内疚和难堪，通常在第二年前出现，正好说明了这一点。因为儿童要能够体验到这些情绪，必须先要有自我意识，而自我意识大约在18个月时才出现。恐惧和愤怒这些情绪并不要求自我意识，所以出现得早，但是，孩子感到骄傲和羞愧就是"自我评价"的问题了。这就是说，个体必须要有某种程度的客观的自我意识才能评价自我，这是一种婴儿还没有发展出的相对复杂的能力。所以，儿童只有在认知能够客观地认识自我后，才能评价自己的行为。将之与他人或自己制定的标准做比较，得出"我做得很棒（或很差）"的结论，然后才对自己的表现感到满意（或者不满意）。

基本情绪在儿童身上很容易区分出来：它们的外在展示很清楚，呈现的形式也或多或少地相同。后来产生出独特的面部标示。

骄傲和羞愧都是"全身"的情绪，它们也许不能从特定的面部表现中看出来，但是它们显示在个体的整个姿态上，尤其是儿童，因为他们不会控制自己外在的、全面的表现。把儿童置于一个他们可能会成功或者失败的环境中，研究者收集了足够的用来给骄傲和羞愧编码的数据，大家的共识是：骄傲本质上是身体的"膨胀"：儿童摆出开放的、挺直的姿势，肩膀后绷，头扬起，两臂高举，眼睛抬高，带着笑容，有时还会有积极的语句，如"我做到了!"或者就是"好!"。与此相反，在羞愧的时候身体是"垮掉了"：肩膀下垂，双手垂下紧贴着身体，或是放在脸前，嘴角下撇，眼睛低视，一动不动，也许还会说些消极的评价，如"我不擅长这个"。通过使用这些指标，研究者在记录孩子的体验上可以取得很好的一致性，这使得客观研究这些现象成为可能。

儿童的情绪概念

一旦儿童能够说话了，情绪就从一个全新的维度开始发展了。情绪现在成了反思的对象：因为能够对自己经验的情绪命名，儿童可以远离某种情绪对它进行思考，以这种方式把内心的经验客观化。为各种情绪命名后，儿童可以讨论它们，他们一方面可以把自己的情绪传达给别人，另一方面可以倾听他人对情绪的描述。情绪因此可以分享，在语言层面上了解它们的性质（情绪的原因、后果和应对的方法）变得非常容易。

儿童的情绪语言

儿童在 1 岁半时开始使用词语来指称内在的情绪，谈话中最常见的主题是快乐和疼痛，最常见的功能只不过是评价一下自己的感受（我害怕，我高兴）。在 3 岁时，情绪词语使用的数量和范围开始迅速扩大；到了 6 岁，大多数的孩子已经习惯说兴奋、愤怒、烦人、高兴、不高兴、轻松、失望、着急、不安和快活。还有，最初儿童谈论的完全是自己的情绪，到了大约 2 岁半的时候，他们也谈论别人的情绪。这说明孩子很早就能够推断内心的状态。到了 3 岁末，儿童不是只座谈外在行为（哭、吻、笑等），他们转到了心理的层面上，不仅能够指明自己的内在感受，还能指出别人的。更有甚者，他们的推断基本上是正确的：给 3 岁的孩子看各种表情的脸的照片，让他们说明这些人的感受，至少在辨认基本情绪上，他们很少出错。"他的眼睛在哭，他很伤心。"这样的评语很好地说明了推理的类型。

在学龄前期间，有关情绪的谈话在准确、清晰性和复杂性上，尤其是推测别人情绪的可能原因上，发展迅速。孩子的评语清楚地显示出情绪不再被看做孤零零的事情。如"天黑了，我害怕。""我在墙上写字，老师生气了。"和"我害怕'绿巨人'，我闭上了眼睛。"小孩子们已经不断地推测人们为什么会有某种情绪：对看到的别人的情绪的外在表现他们做出合理的解释，将外在表现和人际间的事件（如父母吵架，妈妈教训孩子）联系起来，并谈论应对情绪的方法（"我生你气了，我不跟你玩了。"）一旦他们知道情绪是怎么产生的，他们就开始试着操纵别人的情绪："爸爸，如果你生气，我就告诉妈妈。"

有能力谈论情绪意味着儿童能够对自己的或者是别人的情绪有一个客观的看法。这个能力在儿童期中间几年不断提高，使得儿童可以讨论过去的情绪事件，预测将来的情绪，分析情绪的起因和后果，体会情绪是如何影响行为的，斟酌各人不同的情绪以决定自己的情绪反应。因此，能够思考内在感受并与他人讨论。这一方面意味着儿童能够理解自己的情绪，另一方面也说明他们可以倾听别人对情绪的描述，学习别人对各种情境的解释。这就是说，谈论情绪对情绪发展有重要的意义，极大地增加了儿童理解人际关系的机会。

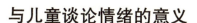

与儿童谈论情绪的意义

儿童对情绪的兴趣和理解是在社会交往中发展的，多项实验清楚地表明，孩子乐于主动地去了解情绪：即使他们明确谈论情绪的能力还很有限，但他们对别人的行为充满了好奇心。

最初，有关情绪的对话主要是为了帮助孩子理解他们的情绪，获得安慰。

以下是两岁孩子看到了有魔鬼的书后与妈妈的对话：

孩子：妈妈，妈妈。

妈妈：出什么事了？

孩子：害怕。

妈妈：这本书？

孩子：是的。

妈妈：它现在没吓到你。

孩子：是的。

妈妈：它刚才吓到你了，是不是？

孩子：是的。

（注：以上对话中妈妈侧重的是引导孩子识别自己的情绪而不是急于解决问题，而这是国内早教中父母最容易省略的一个环节）

与儿童谈论情绪有很多作用：

☆它使孩子能够直面自己的情绪；

☆它帮助解释别人的行为；

☆它加深孩子对范围不断扩大的情绪的理解；

☆它可以洞察人际关系的实质和背景；

☆它使孩子能够与他人分享情绪经历，将之纳入人际关系之中。

儿童期开始，情绪能力就决定孩子的幸福

儿童对情绪的思考

儿童不只是体验情绪，随着年龄的增长，他们也逐渐思考情绪。儿童试图去理解，对自己和对别人来说参与到情绪事件中意味着什么。相应地，他们建构出一套有关情绪的本质和原因的理论。

最初的理论是很原始的，但是，它们很快就有了更复杂的形式，这体现在孩子可以认识到情绪不仅仅是外在表现，还与内在的感情状态相关。如，外在表现是"她在哭"，说明内在的感情状态为"她在伤心"。儿童不仅注意到相关的情绪线索，还能用这个线索去推理造成这个行为的内在心理状态。

从很早开始，儿童就认识到情绪是人类内在生命的一部分，与对外在环境的反馈不同，情绪有更多的内蕴。因此，他们对情绪的评价和对原因的理解变得越来越准确。

研究结果显示，3 岁的孩子就能够相当准确地命名出现的情绪，尤其是愤怒和伤心等消极的情绪。结果还显示，即使更小的孩子也能够确认出导致这些事件的特定的原因。在分析给出的原因类型时，研究人员发现，年幼的孩子倾向于指出外在的原因（"他生气是因为她拿走了他的玩具""她生气是因为他打了她"），而年龄大一点儿的孩子更多指明内在的状态（"她伤心是因为她想她妈妈了""她恼怒是因为她觉得该轮到她玩了"）。内在的解释更可能用来解释强烈的情绪，而且更多用在解释消极情绪，所以，随着年龄的增长，儿童的解释从看得见的原因转向看不见的原因。通

过推测别人行为背后的动机，儿童逐渐获得了他人内心世界的复杂知识。

年龄幼小的儿童认为，所有的情境对于每个人的意义是一样的：这个意义取决于孩子自己对情境的反应。但是到了学龄前期间，儿童逐渐认识到不是情境带来了情绪反应，而是个体的心理状态特点。因此，让某人害怕的东西并不一定让另外一些人害怕，给某人带来愉快的惊喜的东西可能会让另外一些人失望。这样，一旦儿童能够考虑到个体的心理状态，他们就能够有效地预测他人的情绪反应。儿童必须放弃自己的观点，从他人的角度来思考问题。

情绪的社会化

情绪的发展有共同的生理基础，但是它以后的发展是受到各种社会经验的影响。结果是，表现情绪的方式在每一个社会的差别非常大。

每一个社会（包括我们自己）都发展出一些为社会接受的应对情绪的方法，它们的独特性的一个重要组成部分是：在表达情绪时，社会成员被期待着行为要符合一系列规范，这些规范有的是潜在的，有的是明显的。向儿童传授这些规范就成为社会化的主要方面，如专注其他的社会规范对生活在另外一个社会的人来说可能是很奇怪的。

情绪社会化的结果便是获得情绪的表现规则。

表现规则这个概念是用来指管理既定的社会情绪的外在表现的习惯，不管是一个特定的文化，还是家庭，还是同龄人群，根据这些规则，人们可以预测别人的行为，共享一套特定规则的群体中的任何人都知道一个特定的情绪表现代表了什么，因此促进了成员间的交流。

情绪的表现规则

表现规则分为4类：

☆最小化规则，即这样一些场合：与真正的感受相比，情绪的表达在强度上减弱。

☆最大化规则，它主要指积极情绪的表达方法。

☆面具规则，是指当一个中立的表情被认为是合适的时候。

☆替代规则，指个体被期望用一种很不同的（通常是相反的）情绪代替另一种情绪。

对儿童而言，最小化和最大化似乎是最容易学会的，它们比其他两个策略出现的时间多少要早点儿。当然，2 岁的孩子会为了得到妈妈的同情而夸张地哭。这个例子说明他已经掌握了后一个规则。

但是，我们要区分开能够使用规则和知道有人在使用。

儿童似乎可以在不懂得为什么这样做的情况下按社会认同的方式行事。只有到了 6 岁的时候，真实和表象间的区别才完全被掌握，因为只有从那个时候起，儿童才明显地体会到感情和行为是可以不对应的，为了社会习惯的原因隐瞒是完全可以被接受的。

儿童早期依恋类型相对应的情绪表现

☆安全型的孩子知道，无论是表现积极的情绪还是消极的情绪，父母都会接受，所以，他们超脱地、公开地随意表现。比如，他们知道父母苦恼的迹象会提醒父母，招来他们的帮助和安慰，所以他们会毫不犹豫地表现出焦虑和伤心。同样地，他们知道高兴和兴奋的表现能感染父母，所以他们会主动表现，相应地，儿童也会对他人的许多情绪做出回应。

☆回避型的孩子总是有情绪表现不断被拒绝的经历。这尤其适用于消极情绪，这是母亲最少回应的情绪。其结果是，为了避免被遗忘或是被断然拒绝，儿童形成一种隐藏任何苦恼痕迹的策略，即使他们和其他的孩子体验了同样多的苦恼，积极的情绪也要克制，因为积极的情绪意味着孩子想要和他人交往，而他人可能并不愿意回应。

☆反抗型的孩子明白，他们的情绪表现得到的反应是不一致的，所以其结果是不可预料的，因此，他们形成了夸大的表现（尤其是消极情绪）和策略，因为这样才能吸引父母的注意力。

因此情绪表现受到父母与儿童关系类型的影响，因为不同类型的依恋和父母传达给儿童的有关情绪的接受性的信息是不同的，而儿童从中习得的经验和形成的观念会传承到以后的岁月，总结推广到其他的关系中，成为个人情感模式的一部分。

教会孩子表达自我比什么都重要

情绪能力

人类的智力有区别是大家都承认的事实，但是个体的情绪能力也同样可以评价，这一点很难被人们所接受。这主要是因为情绪似乎远远比认知模糊、混乱，所以直到最近，人们才认为情绪似乎可以被真实地测量，可以判断出某人比其他人更好的应对情绪。然而，我们似乎还没准备好接受这样的事实：情绪能力应该被当做是我们心理构成的一方面，与智力能力同等重要。

1995 年美国哈佛大学心理系教授丹尼尔·戈尔曼出版了《情绪智力》一书，他对培养"情绪基础能力"的强调，对情绪适应不良的可怕后果的警告，在美国引起了大众的广泛关注。此后，追随其后的研究积累了足够的资料，能够理解造成人类这一方面行为能力差异的本质和影响因素。

特别是，足够的证据可以让人断言：人们成年期行为的许多差异根源都在儿童早期，并且在那时就开始起作用了。

情绪能力的组成

1. 了解自己的情绪状态；
2. 分辨他人情绪的能力；

3. 运用自己的亚文化中的情绪词汇的能力；

4. 同情他人情绪经历的能力；

5. 认识到自己的和别人的内在情绪状态不与其外在表现对应的能力；

6. 适应性地应对讨厌的和痛苦的情绪的能力；

7. 认识到关系主要取决于情绪是如何交流的以及关系中情绪的相互性；

8. 自我控制情绪的能力，即接受和控制自己的情绪。

儿童怎样获得情绪能力

希望儿童获得情绪能力，这个概念是用来指儿童处理自己的情绪、理解和应对他人情绪的能力，不能获得这种能力有时会造成灾难性的后果。

第一，儿童需要意识到自己的情绪状态。

儿童需要知道在某些情况下他们会生气（或是害怕、害羞等），那么在哪些情况下呢？内心的情绪感受是怎样的？怎样表达这些情绪？谈论它们时应该如何称呼？所有这一切都涉及到不同程度的自我意识，它能使个体和自己保持距离、审视自己的情绪和行为。这是一种发展成熟后才具有的复杂能力，但它的起源是在人生的最早期阶段。

第二，儿童需要学会控制情绪的外在显露。

所有的社会都有自己可以接受的情绪表现的规则。这明显适用于攻击性，因为为了不扰乱社会秩序，攻击性需要限制和疏通。但是这点同样适用于高兴和骄傲等积极情绪上，在一些文化中，明显地表露这些情绪会招人白眼和打击。因此，儿童需要学会把内在的情绪和外在显现区分开来，这是儿童社会化的重要部分。

第三，儿童需要看出他人的情绪。

从他人外在行为中"读出"他的内在情绪的能力是社会关系的本质要素。从外在表现认出其情绪，以及学习他人是如何解读某种特定行为代表的情绪，能够让孩子做出相应的反应。因此，根据一些痛苦的经验，他们发现了一些规则：如果爸爸下班回来时皱着眉头，嘴角下撇，不说话，不看你的眼睛，这代表了愤怒和挫折，孩子这时要老老实实的；妈妈的微笑、放松和温柔说明了她很高兴,孩子这时可以去找她得到安慰、帮助和糖果。一个社会的情绪表达方式是相当有限的,尽管需要做一些调整来适应他人独特的情绪方式,从家里学到的这些经验可以用在其他场合。

儿童应具备的情绪自我调节策略

儿童情绪的自我调节策略

策略	行为表现	出现的年龄
转移注意力	从情绪刺激源移开目光	大约 3 个月
自我安慰	吸吮手指、玩弄头发	第 1 年
寻找大人	靠着、跟着、叫着大人,还有其他获得安全感的依恋行为	第 1 年的后半段
借助物体	抓住软的玩具、衣服或者是其他舒服的物体	第 1 年的后半段
身体躲避	从使人烦恼的情绪中走开	第 2 年的开始
幻想游戏	在假装游戏中安全地表达情绪	第 2 年到第 3 年
言语控制	与他人谈论情绪、思考情绪	学前期
压制情绪	回避思考产生压力的东西	学前期
概念化情绪	反思情绪表现,用抽象的方式说出思想	儿童中期
认知分离	自我意识到情绪是怎么产生的和被控制的	儿童中期

提示!!!

企图用道德教育来约束情绪的行为是无效的。因为,道德教育启动的是大脑的认知功能,认知功能是建立在中枢神经系统基础上的,而情绪主要与自主神经有关系,它是人体的原始组成部分。认知只能改变情绪的外显动作却无法改变情绪本身。何况学龄前儿童本身就处于“前道德阶段”,若不能将德育从无形到有形,儿童根本就无法吸纳。

故事、图书、游戏以及生活中的社会学习,它们是培养儿童情绪能力的良好方式。

切记。

小技巧培养孩子的情绪能力

当我生气的时候，我的肚子里像装着一个大火球，马上就、要、爆炸啦！

嘭！

当我生气的时候，我想使劲叫，使劲踢，使劲跺，跺……

我跺得脚都发麻了，我跺得地球都发抖了。

我还想不停地跑，跑，永远跑下去……

一分钟也不歇息。

哦，每个人都有生气的时候——

我好生气，

因为有人在笑话我；

我好生气，

盖得好好的城堡被人毁掉了；

我好生气，根本不是我的错，可偏偏怪到我的头上。

唔，生气并没有错，

不过，千万别让生气的大火球烫伤自己哦！

当你生气的时候，最好静静地做点什么——

比如来一次深呼吸吧……

比如安安静静地独自待着，在一个你喜欢的地方。

又比如，去和关心你的人说说你这么生气，到底是为了什么。

也许连你自己也不知道，

大火球在你不知不觉的时候会自己瘪掉。

因为嘛，你生气得连为什么生气都忘记了呀！

哈哈，真的好可笑！

以上内容为《中国第一套儿童情绪管理图画书（1）》中的一篇"我不想生气"，现以此作为范本来说明引导儿童进行情绪管理时必要的几个步骤。

一、情绪的识别

情绪降临时总是伴随着特定的面部表情及躯体的生理反应，在前面的列表中已将6种基本情绪的表征列出，父母可以根据列表提供的内容去识别正在情绪中的孩子究竟被哪一种情绪所困扰。然后，帮助孩子识别情绪，为情绪命名。

当我生气的时候，我的肚子里像装着一个大火球，马上就、要、爆炸啦！

嘭！

当我生气的时候，我想使劲叫，使劲踢，使劲踩，踩……

我踩得脚都发麻了，我踩得地球都发抖了。

我还想不停地跑，跑，永远跑下去……

一分钟也不歇息。

此节向孩子描述当生气时内心里的激荡和感受。既可以先给情绪命名，让孩子知道自己正处在哪种特定的情绪中，然后和孩子谈论被这种情绪笼罩时自己的躯体和内心是种什么样的状态；也可以先和孩子谈论孩子的感受，再告诉他："哦，原来你是在生气。"

这是情绪的识别，把一种特定的情绪与相应的情绪体验联系起来，下次再出现类似体验时孩子就明白自己在生气，不至于稀里糊涂地被莫名的内心冲突所裹挟。

二、情绪的来源

我好生气，

因为有人在笑话我；

我好生气，

盖得好好的城堡被人毁掉了；

我好生气，根本不是我的错，可偏偏怪到我的头上。

令你觉得不好受的这种情绪是从哪里来的？你在什么情况下会产生这样的情绪？识别出情绪后再追踪它的来源，让孩子了解自己在什么处境下才会出现这种情绪。

当情绪是可知的，并且有迹可寻，对孩子而言它便是可预测、可掌控的，情绪的负面冲击力便有所降低。

三、接受事实与情绪

这是最关键的一点。

中国式教育一向排斥负面情绪，这种排斥的结果是儿童对引起不良情绪与体验的事件抱以否定的态度，但与此同时，他们却又不能接受别人的否定与拒绝，这便使他们处于左右不适的状态，即：自己对一切不良情绪说"不"，却无法承受别人说"不"。前者使儿童对生存环境缺乏相应的耐受力，挑剔、易烦恼、易激惹，凡事外归因；后者令儿童缺乏抗挫折的能力，脆弱，动辄受伤。打个比方，缺乏耐受力的儿童像炸药，易燃易爆；缺乏抗挫能力的儿童像纸棒，易折易断，而这两点在较年长儿童的身上有更明显的体现。

于是，这样的表态对儿童而言真的非常重要：

"哦，每个人都有生气的时候——"

"唔，生气并没有错，不过，千万别让生气的大火球烫伤自己哦！"

接受既成事实，同时接受自己由此产生的不良情绪和体验。

接受意味着不回避、不退缩；接受意味着愿意与迎面而来的一切变故达成和解，安然相处；接受更意味着有能力承受、承接，直至承担。

四、管理情绪

"当你生气的时候，最好静静地做点什么——
比如来一次深呼吸吧……
比如安安静静地独自待着，在一个你喜欢的地方。
又比如，去和关心你的人说说你这么生气，到底是为了什么？
也许连你自己也不知道，
大火球在你不知不觉的时候会自己瘪掉。
因为嘛，你生气得连为什么生气都忘记了呀！
哈哈，真的好可笑！

最后此节是情绪的管理，引导孩子有效地处理自己的情绪。接受情绪并不意味着被情绪所左右，而是为了更好地应对和处理，控制、减轻，并力图消解不良情绪。

情绪的自我管理是发展过程中的一个重要任务，这个过程要经历整个儿童期，但是永远不能全部完成。因为即使成人也不是完全自足的，尤其是在遇到困难时，成人也会要依靠与自己关系亲密的人。但是在儿童期，个体逐步积累了一定范围的策略去管理情绪及其表现。个体使用这些策略的范围越广、越通融，社会适应就越可能成功。

注：中国第一套情绪管理图画书，选择了孩子成长过程中8种最具代表性的情感状态，从生活的各个角度，挖掘孩子最真实的内心世界；指导孩子用良好的心态去解读情绪和控制情感。封面采用新颖的植绒工艺，孩子可以触摸毛茸茸的小兔子，内页的凹凸工艺更提升了真实感，是一套感官及内容俱佳的亲子读物。作者特蕾西·莫洛尼，因为创作了这套图画书

而成为全球最受欢迎的童书作家和插画家。

案例演示：不能等待的孩子

3岁的南南告诉妈妈口渴了，要喝水，妈妈从热水瓶里倒了热水后，发现冷水壶的凉开水喝完了，便告诉南南需要把水杯里的水放凉点再喝。南南有点迫不及待，略等了等便忍不住喝了一口，被热水烫着了，南南把水杯放下后大哭起来。妈妈料到他被烫了，前来安慰，但南南毫不买账，表示一定要喝到凉点的开水，马上就要，然后继续大哭。

妈妈通常的处理：1. 指出孩子的错误，哭什么哭？都和你说了没冷水了让你等一等，你自己急着要喝，烫着了怪谁？马上就要喝凉的，开水总要放一会儿才能凉的呀，不是我说凉它就凉的，你到底还讲不讲理呀？哭，哭吧，看你能不能把开水哭凉了。2. 被孩子惹恼惩罚孩子或对孩子无奈作其他迁就哄孩子。3. 等孩子情绪过去了之后对孩子追加教育，要求孩子承诺下不为例。

有效的处理：

情绪之所以是情绪就是因为它的非理性，所以，在孩子气头上和孩子讲道理等于火上浇油，并不能起到灭火的作用。

处理的第一步：不讲道理，只讲感受。

无论孩子的表现多么无理，父母也要让孩子明白，你了解此刻他的心情。

说出孩子的感受使他知道父母是懂得他的：

"告诉过你水很烫你还急着喝，你一定很渴，所以才这么着急。"

"你急着想喝水解渴，偏偏又被烫着了，心里一定很恼火。"

"你又气又急，所以才会哭，才会顾不上讲道理。不过，哭并不能让开水凉得快些，对吧？"

有一句话："被人了解的委屈不再是委屈。"无论孩子是多么地无理取闹，都源自他难以言说的内心感受，如果这种感觉不仅没人了解，反而遭受指责，孩子的情绪会更坏更难平息，即使闹够了结束了，下次情绪来时他依然故态复萌。总之，孩子不能从情绪发泄中汲取有利的经验辅助自己成长。

但是，如果孩子发现自己虽然不讲理，但父母却能够体谅他的感受，孩子的情绪等级就会下降，情绪也较容易冷却。

第二步：离场，给孩子空间和时间，让孩子自己冷静。

"妈妈要忙自己的事情去了，等你不哭了，开水也就凉了。"

第三步：孩子冷静后，切不可秋后算账，而是对孩子恢复正常状态表示欣慰，再加以适当的安抚。

"宝宝是不是哭累了？你安静的样子很好，让妈妈觉得很安心。"

"累了吧？来，妈妈拍拍。"

第四步：不带评价地和孩子谈论情绪。

识别情绪：

"刚刚心里是不是很难受？是怎么个难受劲？"

"知道吧，宝宝刚刚先是着急了，然后又生气了。"

情绪的来源：

"是什么让宝宝着急的呀？"

"宝宝为什么又特别生气了呢？"

接受情绪：

"嗯，口渴的时候端着水不能喝是挺让人着急的。舌头烫疼了吧？真是让人不好受。"

第五步：有效地管理情绪。

说明无效行为：

"宝宝，刚刚你又哭又跳又叫的时候，心里觉得好受吗？后来觉得累不累？唔，原来这样只能让你更不好受，水也没有马上就凉，妈妈也不开心离开了，是不是？"

不用指责孩子的行为，只须使孩子明白，此前的行为既没令自己好受又没达到目的。当孩子清楚这是件对他来说既没效果又不能获得有利回报的事情时，孩子自己便会自动放弃，也许不会一下子就杜绝，但会逐渐降低使用它的频率和使用时的强度，直至放弃。

探讨有效的行为：

"那么，下次宝宝着急时怎么做才好呢？"

与孩子谈论如何用其他一些方法来控制和调节自己的不良情绪，并做出一定的约定和承诺。

等孩子情绪过去了之后对孩子追加教育。"宝宝是不是哭累了？你安静的样子很好。"但要注意：这样的沟通和交谈一定要在宝宝情绪稳定，且愿意与父母对话时才可以进行，不要急于逼孩子表态。

强拧的瓜从来就不甜，唯有自愿才能达到自律。

游戏辅导与治疗

提示：游戏所展示的方法只是为父母提供一个窗口，用以了解当孩子出现较严重的情绪失控并导致行为失当时，究竟采取怎样的方法才能有效地进行矫治。

但在没有专业人士的指导下，请父母不要按图索骥、照葫芦画瓢地自行实施，尤其在亲子关系已经沟通不良的情况下。

任何需要专业技能的操作都是非专业人士难以复制与模仿的，而治疗者的技能只有在完整、和谐的状态下才会有效，非专业人士在实施中无法就突发情境做出良好反应，并且也难以在一个互动的关系中做到最大限度的准确无误，其结果可能得非所愿，甚至造成儿童内心的二度伤害。

一个不会开车的木匠，哪怕做家具的手艺享有盛名，哪怕手里拿着最权威的《修车宝典》，你会放心去开由他修理的问题车辆吗？如果答案是"不"，就请在此继续说"不"吧。

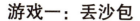

游戏一：丢沙包

许多孩子在表达各种情绪，特别是表达愤怒时很困难。这不仅因为表达愤怒通常被视为敌意或攻击性行为，也因为愤怒是种涵盖较多的情绪，包含有不同的维度与差异，如苦恼、恼怒、气愤、愤怒。不同维度的愤怒反映的内心问题是不同的，如果无法区分和澄清这些差别，就难以使孩子正确地识别它们，从而无法找出解决的方法。

这例丢沙包的游戏创造出一种衡量方法，帮助孩子度量他们心中失望和愤怒的感觉，借此达到对孩子愤怒程度的觉察，使得干预在儿童不可遏止的行为产生前就得以介入。

游戏用小沙包丢在对象上的力道强度，来当做一种愤怒的鉴别方式。

孩子从经验中学到最多，学习方式可以是讨论、示范和进行游戏。

这是一个在任何情况下都可以进行的游戏。这个游戏并没有威胁性，因为治疗者可以和孩子一起进行，并且亲自示范在安全的情况下如何正确又健康地表达愤怒方式。

规则说明

如果孩子有一些特定的事情困扰着他们，可以在白板上画一个靶标，也可以画在任何坚硬的平面上（墙壁、黑板等）。坚硬的表面会把沙包的力道弹回到沙包上。治疗者和孩子讨论了一下轻度的愤怒是如何的苦恼，接着治疗者轻轻地将沙包丢在靶标上，同时一起想一些自己感到困扰的事情，例如，"我感到很苦恼，当……"然后我们渐渐地把力道加大"我感到恼怒，当……"就这样持续进行，最后治疗者与儿童一起很用力地丢沙包并说："我感到愤怒，当……"

如何发现之前的苦恼与感觉必须经过讨论（孩子开始有苦恼时，身体会出现不同的僵硬程度），对抗苦恼、恼怒、气愤以及愤怒的放松方法必须讨论，主要的目的是要及早发现解决问题的方式。

一个儿童最近将他的妹妹画在白板上，并且测试自己是苦恼、沮丧还是愤怒。他发现自己在初期时就感到胸腔的紧缩，因此他知道自己对妹妹的苦恼程度，然后找出了解决的方法。

实际运用

这个治疗技巧特别适用有攻击性、容易激动和冲动的孩子，可以帮助他们重新拾回对自己行为的控制和自尊。

游戏二：气球里的愤怒

治疗师在对许多有严重情绪困扰的学龄前和小学阶段的孩子进行治疗时，发现这些孩子最大的问题就是，不知道如何将内心的愤怒适当地表达出来。治疗师在帮助孩子了解这些愤怒，并知道如果不将它们适当表达出来的话会有什么后果时，曾面对了许多的困难。孩子们可以说出让他们感到愤怒的事情，但是却无法真正了解。他们将愤怒解释成攻击性行为，在试了许多让孩子了解愤怒的方法之后，治疗师想到了如何直接地告诉他们了解愤怒涵义的方法。

想要让孩子们懂得他们感到愤怒是可以的，但是因为愤怒而伤害到别人或对象的行为是不对的，这是一件艰难的工作。利用气球，治疗师有了个很好的解释：气球是人的身体，而里面的空气，则是愤怒。这让孩子有了一个可见的画面。

现今的孩子必须面对暴力、死亡、离婚，因为父母必须投入工作而造成与父母的疏离感，以及对环境的不信任和不安全感。虽然愤怒的感觉是正常的并且是可以接受的，但是他们通常对了解愤怒与适度表示愤怒有困难。作为一个治疗者，就是要帮助孩子们了解、表达并解决愤怒。这个治疗不仅仅提供孩子们接触愤怒的机会，还适度给予其发泄的机会。爆破气球的同时，可以让当事人看到、听到以及感到愤怒的存在，同时也让他们将愤怒发泄出来。

规则说明

这是一个指导发泄愤怒的方法，可以让孩子知道愤怒如何在心中积累、如何地爆发并且伤害到自己与他人，以及如何慢慢适度地释出。这是一个认知性的行为修正，可以运用在团体或是个人疗程上。

治疗需要工具：气球。

1. 让孩子各自吹气球并绑好，在需要时治疗者可以帮助他们。

说明气球就是他们的身体，里面的空气是愤怒。

在气球绑好后问孩子："空气可以进入气球吗？"问问孩子如果愤怒一直在气球里面会怎样？问问孩子如果气球是他们的大脑，而愤怒堆积在里面他们还能清晰地思考吗？

2. 接着让孩子在气球上踩，直到踩破并且让所有的气都跑出来为止。

问问孩子这像一个人，气球的爆炸就像是个愤怒的人去伤害别人，或是其他对象。问问他们这是不是一个安全的宣泄方法。

3. 接着让孩子吹起另一个气球，这一次不要绑起来，但是让孩子把气球拿着并且不让空气跑出来，再次解释气球就是身体而气球里面的空气就是愤怒。

4. 让孩子慢慢地放出一些气体然后又捏紧，问他们气球变小了吗？气球有没有爆炸？这是一个宣泄的好方法吗？在宣泄时气球是否很安全？特别强调在愤怒宣泄时气球以及气球周围人的安全。

5. 持续进行，直到所有的空气都从气球中释放出来。再次解释气球中的空气代表着愤怒，讨论这些愤怒，找到适当宣泄的方法，以及让愤怒安全又缓慢地宣泄。告诉他们如果我们持续让愤怒增加，最后会将气球撑爆，并且会伤害自己和他人，接着可以提出一些适当宣泄愤怒的方法。

在结束的时候，可以让孩子们自己画一道彩虹，在彩虹的每一道颜色中写下一个字，然后让孩子想一个由那个字开头的适当的宣泄方法。

6. 持续这个治疗直到他们了解为止。

实际运用

这个治疗运用在攻击性的孩子、注意力缺乏多动症的孩子，以及无法控制自己脾气的孩子身上，同时也可以运用在那些无法表达愤怒，并且将其压抑的孩子身上。如果内向的孩子不肯配合，而又刚好是团体的治疗，你可以让他们先看着疗程的进行，然后在重复活动时再参与。

治疗师将这个治疗运用在一群幼儿园的孩子身上，这个团体里的孩子大致上来说都非常好动，其中有两位特别好动又不愿意配合进行任何控制愤怒的学生。治疗后每一个孩子都很高兴地参与了疗程，并且爆破了气球。他们承认气球爆炸是一件危险的事，并且构想出许多如何在不伤及自己以及其他对象的前提下表达愤怒的方法。

游戏三：生气的游戏

许多需要治疗的孩子常会有愤怒的问题，而且大部分都无法用适当的方式来处理这些行为（包括在学校或是家里有不当的行为，对其他人、自己或是物品有暴力倾向）。如果孩子在游戏治疗中被允许可以发怒，并且被治疗者用正面肯定的态度接受，孩子才可以学习到在疗程之外用可以接受的方式来表达愤怒（或是其他的情绪）。

这个治疗理论是双重的，将"每一个人都会发怒，这没有关系"的想法正常化与一般化。帮助孩子用口语来表达愤怒，并且在游戏最后也用行动表现出来，这样孩子就可以学到两种适当的表达愤怒的方式。

规则说明

治疗者利用吹塑纸制成的石头或软塑料制成的积木来进行游戏，将这些石头发给所有参与的人（包括治疗者本人），轮到自己的时候要特别将砖头放在前面那个参与者的石头上面（让每个人都有 5~8 次机会）。

轮到每一个人的时候必须说出一件让自己感到生气的事情（或是一些不公平的事情），所有的陈述都是被接受的，从愚蠢的到严肃的事情。例如："我不能先吃到点心是不公平的。"或是"××打我或是抢走我的玩具时我很生气。"

如果治疗者知道一些具有治疗性的议题，他可以通过这个议题带入，例如："当成人打小孩时我非常生气。"或是"成人喝酒睡着了，让孩子挨饿我也会生气。"

所有的砖头都摆完了之后，孩子被要求想一个真正让自己感到生气的事情，做一个生气的脸，并且选择任何方法将砖头打倒，这时便宣告游戏结束。

如果孩子要求的话，游戏可以持续进行。

实际运用

这个治疗方式对于个别的、和家人一起的或是团体的孩子(3～13岁)都有效用，同时也可以是一种表达其他感觉的无威胁的方式，例如不公平的评价或是伤心，只要改变一下字眼就可以，"当……的时候我感到悲伤"，或是"当……的时候并不公平"。

对于具攻击性的、退缩的，以及有忧郁症的孩子也同样适用，并且可以依照不同的对象而有所改变。

游戏四：撕纸

这是一个有趣又具有治疗性的游戏，可以发展团体合作，提供打架以外的另一种解决途径，让紧张的孩子放松，并扩大违规者的界限，给孩子一个完成承诺的机会，促进治疗者和孩子间的情感连接。

规则说明

这个治疗一般运用在5～12岁孩子的身上，每个团体有2～5个当事人，当事人如果出现冲动性或是特别好动的问题时，就应该控制团体的人数。

这个治疗方式需要一本电话簿或没有用的纸。疗程的开始先让孩子将右手举起来，保证在游戏后会将场地清理干净。治疗者解释说我们要做一件很费精力的事情来让负面的感觉释放，并且讨论了在不同的感觉以及各种不同的情况下会产生的情绪。

治疗者与孩子们一起将小的纸片放在房间的正中央，当堆成一大堆时，大家（包括治疗者）一起将纸片丢到空中，这些纸片在整个房间飘扬，孩子非常喜欢这样的感觉，一些有完美心态的孩子一开始可能会小心地参与，但是渐渐都会增加参与的程度。孩子喜欢把纸堆在一起然后往上丢，或是用纸片将其他孩子埋起来，不过大部分孩子都喜欢拿一把纸片重复地丢到空中。

治疗者通常让这个活动持续进行，直到结束时间。在游戏的进程中和结束后，孩子们都完成了自己的承诺。之后，大家（包括治疗师）一起讨论这些将情绪释放的感觉，以及要怎么应用到家中或其他的情况发生时。这个方法运用于儿童心理治疗，被证实它非常简单好玩又不需要很多的准备。

实际运用

这一游戏可以广泛地运用于过动或退缩的孩子，还可以运用于注意力缺乏多动症的孩子、经常与同伴冲突的孩子、受过虐待的孩子、有行为问题的孩子，或是带有完美主义个性的孩子。

游戏五：跺脚与爆破泡泡

这个治疗适合小学低年级的学生，针对那些在表达愤怒与挫败时有困难，但却不会用攻击性的行为对待其他同学侵扰的孩子。疗程可以从跺脚开始，如果跺脚太大声的话，也可以改做爆破泡泡的活动。

这个方法可以让孩子"听到"愤怒与沮丧。事实上，这是生活中很正常的一部分，这也是为什么我们常常让愤怒爆发而造成问题。这个治疗技巧让孩子可以在被接受的行为下表达出情绪以及相关的压力，孩子被给予一个有用的工具，而不只是被要求"控制情绪"。原本有伤害性的解决方法被生活中的解决技巧所取代。

规则说明

首先孩子将双脚的模型分开画在板子上，同时可以依照自己的愿意上色。接着大家（包括治疗师，下同）讨论让愤怒发泄出来对于学习或游戏的重要性，发泄的最好方式是在板子上用力又快速地跺脚。一般来说，愤怒的表达不只会让我们感到比较舒服，同时脚底也会有温暖的感觉。这是你即将完成跺脚的一种讯号，然后大家一起跺（准备好一双网球鞋），当其中一个人停下来时，治疗师问他是否可以感到脚底暖暖的，如果没有的话治疗师告诉他还没有真正用力地跺，所以再来一次。最后当孩子感到暖流时，治疗师问孩子们：愤怒的感觉是否由脚底发泄出来并且流出门外？问问孩子现在的躯体感觉（深呼吸一下，然后感觉一下放松后的心情，以及任何可以帮助孩子了解到愤怒消失的方式），接着孩子可以在鞋底画一个愤怒的脸，并且在鞋面画一个快乐的脸，指示孩子下一次感到愤怒时可以自行跺脚，直到脸上的表情变高兴了，像鞋面上的表情一样了为止。

爆破泡泡的方式是一种控制愤怒的工具，利用包装用的塑料小泡泡来进行，在跺脚的噪音不能被接受时，可以使用这个方法。

治疗师要求孩子用手爆破 10 个小泡泡来减低愤怒，接着问他们是否可以感到愤怒从食指与拇指间消散。当愤怒正确地宣泄时，泡泡便会爆破。一般来说，在爆破 10 个泡泡后愤怒就不见了，在特别生气的时候会花比较多的时间，有的时候则比较少。接着大家讨论一下泡泡爆破时跑到空气中的愤怒，并且冷静下来。

一般而言，运用这些治疗技巧让孩子冷静下来后，大家可以更深入地探讨造成这个愤怒的原因，接着探讨如何让事情回到正常。

这也是治疗师时常介绍给家长的一种方法，可以在家中用来示范给孩子，也有的老师在学校中使用。孩子必须有成人来教导什么是被接受的方式。

实际运用

治疗师曾在一些无法控制愤怒以及沮丧的孩子身上运用这个方法，也将这个方法运用在年纪小一点的孩子身上，而爆破泡泡则曾用于小学到初中的学生身上。

一个一年级的学生学会了爆破泡泡的治疗技巧，在几次的疗程后写了一个故事："有个男孩常常会生气，直到一只小鸟在他的肩膀上停下来，小鸟告诉他在生气的时候可以爆破泡泡，而这个男孩现在过得很高兴。"

游戏六：丑先生

这是一种与渐进式肌肉放松治疗相似的减压活动。丑先生是治疗师给一个橡胶玩具取的名字，用力挤压这个小玩具时，它的眼睛、耳朵和鼻子会偏离原位，故而称其为"丑先生"，而"丑先生"的喻意既指在一些"丑"的想法下产生的压力，同样也指在压力下产生的"丑"的念头。

孩子和大人一样会有压力，但是孩子们并不懂得什么叫压力，以及压力的来源。因为受到认知能力的限制，孩子们也不会运用方法将压力降低到自己可以承受的程度。

这个游戏借用了渐进式肌肉放松的治疗原理，也就是让肌肉有规律地紧绷与放松来改变血液的循环，增加脑内氧气的含量，同时将身体调整到比较健康的层次。在身体放松后，被治疗者可以轻易地专注于工作，或者专注于自己感兴趣的事情，因为这时压力来源已经解除。但渐进式肌肉放松治疗对孩子来说太过复杂，孩子马上就需要放松，而不是在了解了一堆"渐进式""肌肉组织"的长串解释之后。他们需要的是一种简单又可以让他们自行控制的方法，来达到放松的效果。

这个治疗主要用在团体治疗上，但也可以容易地转变成别种治疗形式。当孩子熟悉了这个方法后也可以学习其他的放松方法，并且可以在正式或私人的场合对其他人有所帮助。

当孩子在团体疗程中披露了"丑"的想法（有压力的想法或感觉，或是这个"丑"的情况造成这种感觉）时，治疗师必须给予肯定，并且做适度简短的讨论。在进行游戏前重视他的经验，因为如果没有这样做，孩子很容易会将这个游戏当做只是挤压橡胶玩具的动作而已。治疗师这时将

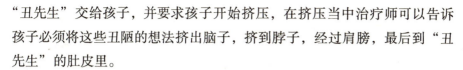

"丑先生"交给孩子，并要求孩子开始挤压，在挤压当中治疗师可以告诉孩子必须将这些丑陋的想法挤出脑子，挤到脖子，经过肩膀，最后到"丑先生"的肚皮里。

团体中其他的孩子则必须静静地观看，如果挤压的孩子脸变成了红色，大家就知道他真的用力了，同时也必须给予鼓励。一个孩子可以从1数到10，而挤压的孩子则必须在数完之前继续用力地挤；接着被要求停止、放松，然后深呼吸。

这个活动可以连续3次，并且在其他孩子的鼓励下，每一次都要用力挤。

如果孩子同意的话，治疗师可以站在孩子的后面轻轻地抓着孩子的肩膀。看他是否用力的方法是：看他肩膀的松紧度。肌肉紧绷时，摸孩子还会使他觉得痒痒的。这些由欢呼、挤压和搔痒的活动所组成的气氛是好笑又有趣的。

在之后的3次尝试中，孩子必须说出自己的感觉，内心的压力是否变小？是否可以掌控了？全部消失了吗？团体的欢呼是否有帮助？你有没有感到肌肉的暖度？数到10对你来说有什么不一样？

依着孩子的能力与年纪不同，治疗师也可以有比较深层次的讨论，如可以教导孩子改变想法而不是感觉。举例来说，孩子可以在练习挤压的时候想着"我可以，我可以"。当孩子对这个方法越来越熟悉时，治疗师可以教他如何在治疗室外使用这个方法。例如，孩子可以在教室里等待时快速地做一次紧绷然后放松的治疗。

实际运用

这个治疗技巧运用在年纪稍大的孩子身上有很大的效用，他们很渴望学习如何控制自己情绪的方法。退缩的孩子在被接受的环境下变得比较有表达性，过动的孩子找到了可以宣泄情绪的方法，所以也减少了挫折感和过动的症状。

游戏七：成对的连指手套

很多时候，情绪很难是单一的，而是同时掺杂着另一些附加的，甚至是对立情绪，因而组合成一些矛盾的感觉。

被矛盾感觉所困扰的孩子，通常都会因为一点儿麻痹导致无法应付情绪、社交和学业上的问题。这些困扰可能是为他精心准备早餐的母亲却因他穿错一只袜子而辱骂他，也可能是会带他去游泳却又喝醉了打他的爸爸因离婚离开他，等等。在解开心中的情绪纠缠之前，孩子的合作技巧（同伴或成人）及学业上的学习都是无用的。

通常，确认和接受这些矛盾感觉存在的事实，可以提供一种实时的放松。很明显，在个人或是团体背景下，要解决复杂的情绪问题需要更加地努力。

但是，熟悉表现现存复杂感觉的能力，就可以提供足够的情绪治疗来帮助孩子度过最困难的时光。减少创作议题，降低焦虑，增强沟通和察觉能力，这也是帮助孩子转移情绪的一个好方法。

规则说明

一对连指手套可以被用来教导孩子如何应付生命中因为许多问题的纠葛而造成的矛盾的感觉。任何有图案的连指手套都可以使用（代表一个事情的两面），这些连指手套被视为手套玩偶被带到活动室用来帮助讨论矛盾的感觉及意见。

治疗者可以利用连指手套玩偶当做是一种对于孩子的有效治疗，讨论一下关于离开家里的一些感觉，例如："让我们来讨论一下你在周一早上踏入校园的感觉是什么样的。"一般而言孩子都会讲出一连串的情绪，要见到两天没有见面的同学而兴奋，一直到因为要面对学业和生活上的不便而烦恼等。玩偶可以对每种感觉都有热烈的响应。"你知道吗？这也是我的感觉啊。"治疗者可以说："有没有其他孩子对于周一踏进校园也有同样的感觉？"

在孩子努力讨论着这些感觉时，治疗者可以积极地利用一只手套玩偶做出正面的情绪（兴奋、信心、期待以及美好的记忆），用另一只手套玩偶表达出负面的情绪（恐惧、焦虑，以及孤单）。

在孩子表达出许多意见之后，手套玩偶可以说出一句带着惊奇的话："你们知道吗？我觉得现在心里有些害怕，同时也有些兴奋，就像我同时有被推又被拉的感觉一样。让我们叫这些不相同却又同时存在的感觉为——推推拉拉的感觉吧！有没有人曾经有这样的感觉？"

通常会有许多孩子举手表达，现场的讨论转变成对于这些感觉的表达，它们好像互相抵触的感觉，令孩子很困惑。"让我们与自己的玩偶来谈谈这些感觉，右手上的玩偶可以讨论所有快乐的感觉，左手上的玩偶可以讨论一些比较难熬的感觉，如生气或悲伤的感觉。"

治疗者可以替孩子画出经验的架构，请一个自愿者来列出"所有你可能拥有的难熬感觉，例如，你听到父母亲要离婚的时候"。孩子可以决定对哪一只手套讨论个别的感觉。"我听到你对左手说，由于父亲要离开而感到害怕，你担心会想他。但是你又对右手说你感到有一点点松了口气，因为可怕的责骂和挨打终于会结束了，对不对？"

在治疗者的示范后，孩子被鼓励将玩偶戴上，并且描述经历过的感觉。为了能够将这个技能普遍化，治疗者可以说："你知道吗？我们就算在手上没有戴玩偶，也可以谈论推拉感觉。我们可以在脑子里想想所遇见的不同感觉，并且决定要与右手还是左手讨论。"

治疗者此时也可以讨论：

☆在同一时间里我们可能会有什么不同的感觉？

☆如果这些感觉很强烈的话，我们怎么办？

☆如果我们对于这些感觉有困惑怎么办？

☆如果因为思考或是担心这些感觉花了太多的时间、注意力或精力的话，我们怎么办？

☆如果这些感觉让我们觉得悲伤或生气，我们怎么办？

在孩子对于这些感觉熟悉之后，玩偶就可适时被拿出使用。"这听起来像推推拉拉的感觉吗？将玩偶拿出来讨论一下吧。"

实际运用

这个治疗技巧可以适用于当孩子健全的功能受到矛盾感觉的损害时。议题可以从朋友问题、青春期欢迎度的问题、搬家、久病的亲人去世、自杀、酗酒、离婚，或是虐待等焦虑和忧郁的心理威胁，这些问题都可以借助这个技巧得以改善。

游戏八：相册

在许多情况下，孩子都无法顺利地表达出自己的想法与感觉，特别是当孩子被问及丧亲之痛的问题时，要他们分辨和解读感觉，以及将这些想法用语言表达出来可以说是项艰难的任务。

"相册"的治疗主要是借助相处来提供一个无威胁性的活动，让孩子安全地表达出自己的想法与感觉。使用这些相片可以让孩子将焦点转离自己，并且"我记得……""在那个房子里……""我不喜欢……""我妈妈……"等一些潜藏的感觉通常都会浮出表面。

规则说明

在疗程之前照顾者必须搜集一些能够涵盖孩子生命历程的相片，特别是要求照顾者搜集孩子曾经住过的房子、假期纪念、宠物、学校表演、小玩具等各类相片，但并不用特别限制，主要的目的是要搜集到孩子生命中重大事件的回忆。

在选择相片的过程中，应该给予孩子参与决定的机会，可以让孩子有以下选择：治疗者将相册拿起，而孩子与照顾者再买本新的，或是孩子可以选择一本家中旧的相册来用。

在之后的疗程中，游戏治疗便可以开始施行。需要的材料包括：相册、相片、彩色笔、剪刀、双面胶以及即时贴。相片应该要平均地散在四处易见的角落，并且容易将这些相片依时间先后排列。

借由这个过程，许多的感觉与想法会被释放出来——有关于家庭的讨论；记忆的唤起；对于生命中已故亲人、已离散亲人的感觉；生命的过程；对于丧失的感觉；与悲伤有关的感觉，如愤怒、悲哀以及困惑。

相片依时间先后排列好后就可以放进相册，之后孩子可以在每一张相片下面贴上便条，用来描述相片中的事件，或者治疗者将孩子的描述写在便条上。

实际运用

这个治疗对于有丧亲之痛的孩子有很大帮助，当然也可以扩大应用在孩子生命中其他的失去上。举例来说，在父母离婚的案例中，孩子可能会有失去一位父母的感觉，过去的相片可以让这些问题浮出表面。

另外因为搬家而有的失去感，或友谊的失去，或是学校的失去，这些案例都可以运用这个治疗技巧。

游戏九：担心罐

孩子们有许多的担忧深藏在他们心底。这些担忧可能造成他们心理的负面影响，包括了不稳定的脾气、恐惧、焦虑、分离，以及与同伴间的纷争。担心罐的治疗技巧让孩子对成人或是其他孩子来了解并讨论他们的担忧。

担心罐的游戏被运用于孩子们的学习团体。

在为孩子的健康发展而成立的学习团体中，治疗师找出孩子存在的不足的地方，并且针对这些，提出需要改进的部分，设计出适当的学习团体疗程。这些学习团体中主要是针对以下几个心理技巧：

1. 亲密、信任的关系建立。

2. 借由文字、符号以及意象来做认知的处理。

3. 就挫败以及不喜欢的事情。

4. 对于方向以及目标有适当认知。

目标达成包括了使孩子们能够拥有以下能力：

1. 利用语言的能力。

2. 发现并且说出自己的感觉。

3. 同情其他人。

4. 将自己的内心展露给其他人。

5. 忍受其他人的许多行为。

6. 忍受自己的感觉。

7. 享受其他人的正面态度。

8. 顺从适度的权威。

9. 专注并且致力于工作。

10. 试着将情况好转。

11. 开始社交性的接触以及社交性的交谈。

规则说明

材料：婴儿爽身粉的罐子，或是其他可以盖紧的罐子，必须先洗过并晾干；白纸、彩色笔、胶水、剪刀。

说明：

1. 将白纸剪成可以包住罐子的大小。（团体活动时，先行准备好这些材料）

2. 让孩子们在剪裁好的纸上画出"可怕的东西"，并且用彩笔上色，也可以只让孩子在上面写字。

3. 在孩子都写完或画完后，让孩子将纸贴在罐子上。

4. 将盖子盖上，并且用剪刀挖出一个小洞。这个洞应该能够让一张卷起来的纸放进罐子里。

5. 再剪裁几张小纸片，每一张都可以写下几个字。

6. 在这些纸张上让孩子写下自己的担忧，一张写一个担忧。

7. 每个孩子将自己写下的担忧放入罐子里。

8. 轮流将自己所担心的事情说出来给大家听，并且鼓励下面以及有支持性的响应。

实际运用

这个治疗可以运用在 6 ~ 8 人孩子的小团体中，或是个人的治疗中，也可以适用于许多问题上，例如分离焦虑、感情易冲动的疾病、忧郁症以及恐惧症。有时候孩子自己以及深爱他们的成人们并不了解他们有多少忧虑，这个实际的治疗可以让这些想法显露出来，并且加以讨论与检验，也可以帮助孩子了解哪些忧虑他已经控制了，以及哪些恐惧还未控制住。在这些忧虑都被确认后，我们可以教孩子如何解决这些忧虑。

第四章

儿童总会活在父母的误解里

当我们面对的是一个尚无法用自己的语言来传递意思的幼童时，我们会怎么办？我们难道不需要比孔子更谨慎、更谦逊、更克制、更自省吗？因为，如若不然，幼童便只能生活在我们的误解里，承受着本不属于他的过失和评价，日复一日。想一想，他们原本是我们最爱的宝贝，我们何忍错待他们？

序 言

XU YAN

"耳听为虚，眼见为实。"这是一句中国的老话。

第一个对这句话进行自省的人是孔子。

《吕氏春秋·审分览·任数》记载：孔子穷乎陈、蔡之间，藜羹不斟，七日不尝粒，昼寝。颜回索米，得而爨之，几熟。孔子望见颜回攫取其甑中而食之。旋间，食熟，谒孔子而进食。孔子佯为不见之。孔子起曰："今者梦见先君，飧洁而后馈。"颜回对曰："不可。向者煤炱入甑中，弃食不详，回攫而饭之。"孔子曰："所信者目也，而目犹不可信；所恃者心也，而心犹不足恃。弟子记之，知人固不易矣。"

大意是说，孔子被困在陈国和蔡国之间，有7天都没有尝过米饭的滋味。由于疲倦不堪，便在白天躺着休息。后来颜回想办法讨回一些米煮饭。当饭快要熟传出米香时，孔子无意中瞥见颜回竟用手抓取锅中的饭吃。孔子故意装作没有看见，当颜回过来请孔子吃饭时，孔子起身说："我梦到祖先了，就拿这些清洁的食物先祭祀他们吧。"颜回忙说："不行！刚才有灰尘掉到锅子里了，我抓了出来，扔掉总不太好，所以自己吃掉了。"孔子感叹反省道："原以为眼见为实，谁知实际上眼见的未必可信；凭借内心的想法来衡量事物，到头来也不一定可靠。大家要记住，想要真正地了解一个人，真是件不容易的事情啊！"

恰好，我一个朋友也有句被他视为座右铭的话："任何人的眼睛都看不到真相，你能看到的永远只是现象。"

这句话也是他从亲身经历中得出的。

某天中午他家来了不速之客，他只有紧急到小区门口的小餐馆订几份菜，由于心急，他便老往后堂看是不是菜做好了，其间，恰被他看到厨师用勺子从锅里舀了菜往嘴里送。他即时觉得倒胃口，便找到店老板投诉，并一再声称他是亲眼看到厨师偷吃的，绝对是真相，不会有假。老板叫出厨师询问原因，厨师解释说：他烧糖醋排骨时被厨房其他人打了个岔，使他不确定糖到底放过没有，就舀起点菜汁试试有没有甜味。厨师更补充了一句："天天被油烟熏得都没食欲了，哪里还想偷吃呀。"

事后，外表粗犷的餐馆老板很认真地对朋友说了句让他觉得超有水准的话："别太相信眼睛，眼睛是看不到真相的，只能看到现象。"

朋友说，当时他都顾不上羞愧了，只觉得这句话对他有醍醐灌顶的功效，让他觉得再出多少倍菜钱都值。

朋友是个刑警，他说从他把这句话当成座右铭后，他的侦缉水平跨台阶般地上升。

因朋友的职业身份，他的话不由使我联想到一个数据："在这个世界上，每年还有 3 万人死于冤案。他们被人以'正义'的名义杀掉，死后，还要为不是他们犯下的罪行背负骂名，甚至遗臭万年。"

这还只是指枉杀的人，被枉抓、枉关、枉判的人是多少呢？

生活中被错怪的人一定更是数不胜数了吧？

人们都认为"眼见为实"，亲眼看到的东西当然就是真相。其实，眼睛的本质功能只类似于摄像机，它"看"到的只是情景，情景是客观的，并不会自动判断附上结论。所以，我们认为的"真相"其实已是自己对"情景"做出的主观判断和评价，它可能非常接近真相，也可能与真相相隔甚远甚至背道而驰。

然而，颜回是幸运的，厨师也是幸运的，因为他们能够使用语言，他们可以通过语言的表达让人们了解真实情况。

那么，当我们面对的是一个尚无法用自己的语言来传递意思的幼童时，我们会怎么办？

我们难道不需要比孔子更谨慎、更谦逊、更克制、更自省吗？

因为，如若不然，幼童便只能生活在我们的误解里，承受着本不属于他的过失和评价。日复一日。

想一想，他们原本是我们最爱的宝贝，我们何忍错待他们？

谨以此篇为幼童代言，写出他们的辩护词。

期待阅读了本篇的父母，从此不再是儿女的裁判员或法官，而成为他们的"律师"。

看不见即不存在

8 个月大的杰奎琳试图去拿她被子上的一个塑料鸭子。但，小鸭子掉了，落在离她手不远处的床单的一个褶皱里。杰奎琳的眼睛追随着整个过程，她的手张开，也跟着动。但小鸭子消失以后，她就一点表情都没有了。我把小鸭子从它藏着的地方拿出来，在她的手边放了 3 次。这 3 次，她全都想抓住它。我后来把它放在床单下面。杰奎琳立刻收回她的手，放弃了。

这说明当儿童看不见物体时就认为它不存在，因此不会再去找她要的东西。

皮亚杰认为儿童"不见即不在"的反应说明此时的他们尚不具有客体永久性。

解读："客体永久性"是瑞士儿童心理学家 J. 皮亚杰研究儿童心理发展时使用的一个概念，是指儿童脱离了对物体的感知而仍然相信该物体持续存在的意识。比如与婴儿做"捉迷藏"游戏时，你藏起来，不见了，他还用眼睛到处寻找。

皮亚杰的 3 个孩子在婴儿期都玩过藏东西的游戏，这个游戏不但对他们来说好玩，而且对他们的父亲——皮亚杰认识儿童发展富有启迪。他们在不同年龄阶段对这些游戏的反应方式不同，在皮亚杰看来，婴儿对于消失的玩具是置之不理还是继续关注表明了玩具的概念还在不在他们头脑中，不找则不在，找便已存在，就获得了"客体永久性"。

世界是由外部事物组成，这些事物是独立的实体，它们的存在不依人的意识而改变。对于我们成年人来说，这一看法如此自然以至于我们很难去相信除此之外还有别的一些观点。

而皮亚杰的杰出之处就在于，他认识到婴儿看待世界与成年人的方式有极大的不同。婴儿看世界完全是转瞬即逝的感觉印象，事物的存在完全取决于婴儿自己对它们的意识。每样事物——响亮的声音、家人、瓶子、玩具，或者其他婴儿接触到的事物，都只是在婴儿能够看到、听到或者玩时才存在着；婴儿一旦与这些事物失去接触，他们就认为没有这件事物了。

不在眼中，就不在心中。

因为知道从眼中消失的事物依然存在需要一种能力，运用这种能力把不同时间产生的不同的印象连接起来，而幼小的婴儿尚未具备这种能力。

皮亚杰还从实验中得出，虽然客体永久性首先出现在幼童1岁末的某段时间，但一直要到1岁半以后儿童才能以成熟的方式认识到：无论他们当时是否意识到，事物都是客观地存在着，并将持续地存在着，此时，儿童才获得了"客体永久性"。

由于是实验的结果，人们便很自然地接受了这一观点。

然而，随着科技的进步，我们有更科学更先进更直观的设备运用于实验。于是，1974年，由其他学者通过测量婴儿的心跳频率作为婴儿是吃惊还是不吃惊的指标，来验证更小的婴儿对消失的玩具是否有印象。

实验的对象是才3个月大的婴儿，实验情景是先出示给婴儿一个很吸引人的玩具，然后将这个玩具藏于一个屏障的背后，接着分两种情况：1.屏障撤除后玩具不见了！2.屏障撤除了玩具变了，不再是此前见到的那个玩具了。

结果仪器显示的结果是：婴儿的心跳频率在看到玩具不见了时有很明显的变化——这表示婴儿在玩具看不见的时候，也预期它在原位。同样地，面对情况二，婴儿看到了一个不同的玩具取代原来的玩具时，比看到玩具不在那儿表现出更大的"吃惊"——这表明婴儿能够区别两者的不同。显然，他可不认为早先看到的那个玩具是根本不存在的。

就这样，通过一个更容易的实验，依靠视觉而不是手动的实验，我们就能看出婴儿开始理解客体永久性的年龄段要远远早于皮亚杰的实验得出的结论。

那么，为什么？皮亚杰在实验中究竟是遗漏掉了什么细节，还是根本就意会错了？

如果，你远远望见一个彪形大汉跟跄着边走边吐，你怎么想？

不少人回答：这家伙喝醉了！

但是，难道他不可以是食物中毒？

难道他不可以在稍前的斗殴中被人打中了某部位？

不可否认，这两种情形也会令他边走边吐。

可见，并不是一种答案固定对应着某一现象，事情往往总有其他的解释。1974 年的实验就给出了"其他的解释"，并且这一解释更具说服力。

那么，如果皮亚杰的实验结果对于客体永久性的解释是错误的，它其实说明了什么呢？

其实，恰好有其他两组概念可以用来解释皮亚杰的实验结果。

一、"第一信号系统"与"第二信号系统"

第一信号系统与第二信号系统是巴甫洛夫学派生理学专门术语。巴甫洛夫认为，大脑皮质最基本的活动是信号活动，从本质上可将条件刺激区分为两大类：一类是现实的具体的刺激，如声、光、电、味等刺激，称为第一信号；另一类是现实的抽象刺激，即语言文字，称为第二信号。对第一信号发生反应的皮质机能系统，叫第一信号系统，是动物和人共有的。对第二信号发生反应的皮质机能系统，叫第二信号系统，是人类所特有的。第二信号系统是在第一信号系统或非条件反射的基础上建立起来的，是和人类的语言机能密切联系的神经活动，在婴儿个体发育过程中逐渐形成。从出生后的七八个月起，以词语为信号的第二信号系统开始活动，通

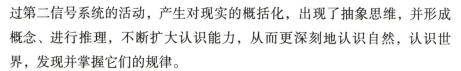

过第二信号系统的活动，产生对现实的概括化，出现了抽象思维，并形成概念、进行推理，不断扩大认识能力，从而更深刻地认识自然，认识世界，发现并掌握它们的规律。

七八个月前的幼童之所以不再去关注从眼前消失的玩具，是因为1岁前的婴儿期是第一信号系统发展的时期，第一信号系统是以现实事物为条件刺激物而形成的暂时神经联系系统。婴儿看到有吸引力的玩具后很高兴，伸手要去抓，玩具在这里是具体刺激物。

但是，当玩具被遮蔽时直观的刺激物消失了，而对不在眼前的东西如何反应是第一信号系统所不能胜任的工作。此时若要求幼童仍然去关注消失的玩具，前提必须是：幼童大脑皮层的发育已能够使他在脑中形成事物的表象，并且幼童同时具备对脑中的表象进行有意注意的能力。

所谓表象，即是指事物不在面前时，人们在头脑中出现的关于事物的形象。从信息加工的角度来讲，表象是指当前不存在的物体或事件的一种知识表征，这种表征具有鲜明的形象性。

那么有意注意是什么呢？

由此再看第二组概念。

"无意注意"与"有意注意"。

什么是注意？

注意是对特定对象的指向和集中。

由第一信号系统支配调节的注意叫无意注意，无意注意不受意识控制，它是人们自然而然地对那些强烈的、新颖的和感兴趣的事物所表现的意识指向和集中，是注意的初级表现形式。

有意注意指的是有预定目的、需要一定意志努力的注意。它是注意的一种积极、主动的形式。有意注意是在无意注意的基础上发展起来的，由第二信号系统支配调节的，它是一种意志的注意，是人类所特有的心理现象，是一种高级的心理现象。

从目前发展心理学的理论成果来看，1岁半左右的幼童才可能具备有效地运用第二信号系统保持有意注意的能力。

所以，皮亚杰实验结果更可能的解释是：出生七八个月之前的更小的幼童之所以对遮盖的玩具不再注意，一来是因为消失的玩具尚无法在他脑中留下表象，二来是幼童的第二信号系统还未能启用。

但无法追踪玩具不等于认为它不存在（后来的实验证明了这一点）。

或者，这样的补充说明更方便理解：

在记忆形成的步骤中，分下列 3 种方式处理资讯：

1. 编码：获得资讯并加以处理和组合。

2. 储存：将组合整理过的资讯做永久记录。

3. 检索：将被储存的资讯取出，回应一些暗示和事件。

不再找寻消失玩具的幼童其实已将玩具进行了"编码"和"储存"，只是尚不具备主动"检索"的能力，所以，在后来者的实验里，当紧随而来的"编码"和"储存"与前次不一致时，原有的内容被激活并产生冲突，于是，幼童表现出他的吃惊。

其实你不懂我的心

皮亚杰继续记录了女儿杰奎琳 10 个月大时的表现：

杰奎琳坐在床垫上，上面没有任何东西干扰或分散她的注意力……我从她的手中拿过玩具鹦鹉，连续两次藏在她左边的床垫下，在 A 位置。两次杰奎琳都立刻开始找，然后找到了。之后我从她手中拿过玩具鹦鹉来，在她眼前慢慢移动，移动到她右边的相应位置，床垫下面的 B 位置。杰奎琳很认真地注意着我的动作，但玩具鹦鹉消失在 B 位置的时候，她转到她的左边，看着它以前所在的 A 位置。

与杰奎琳 8 个月时的表现相比，她客体永久性的概念无疑是发展了——她能够在玩具消失后去寻找了。但是，尽管她亲眼看到玩具被藏到一个新的地方 B，为什么仍然去注意旧的地方 A 呢？说明客体永久性的概念对她来说还有局限，她对消失玩具的寻找仅仅是在重复她以前所做的：物体仍然跟她自己的行为有关，还没有被看成真正的独立实体。

这是皮亚杰得出的结论。

解读：在蒙台梭利生活的年代，尽管还没有 1974 年新的实验来推翻皮亚杰关于"客体永久性"的结论，她仍然对皮亚杰由"A/B 错误"做出的结论提出异议。

蒙台梭利依据的是儿童在此阶段表现出的强烈的"秩序感"。所谓秩序感，是指儿童对物体摆放的空间或生活起居习惯的时间等顺序的适应性。蒙台梭利认为，学前儿童对事物的秩序有强烈的需求，外在的秩序感有助于发展内在的秩序感。

所以，当皮亚杰把玩具鹦鹉改放在 B 处时，杰奎琳却坚持把目光再转向 A 处，以此告诉他的父亲：你把鹦鹉放错地方了，你应该把它放在这里！

虽然当时并没有新的实验结果来支持蒙台梭利的解释，但她有更多生活中的实例来证明她对儿童"秩序感"的认识。

那么，当 1974 年的实验结果面世后，蒙台梭利的解释显然更值得信赖。

而皮亚杰对女儿 1 岁半时的记录恰恰证明了蒙台梭利的观点：当皮亚杰按照 A、B、C 的顺序去藏铅笔时，杰奎琳每次都会在 C 处找到它，不过皮亚杰却因为自己的设计目标正好也预期这一结果，便得出结论：这时的孩子具有了客体永久性的概念。

既然支持皮亚杰关于儿童"客体永久性"论述的几个实验都更符合其他的解释，那么，"客体永久性"这个概念究竟还有没有成立的基础？这就好比，如果一个看不到东西的人被证实是戴了眼罩，那么再去证明他失明到何种程度是不是就有点"搭错车"？

皮亚杰对儿童发展的理论有着非常重要的影响。很长时间以来，他的理论都是解释儿童获取知识的方式中的主导模式，它激起了世界范围内的，以复制或拓展这一理论的不同方面为目的研究。其结果便是：我们现在能够更容易、更清晰地评价和运用这个理论，认清它在许多方面对我们理解儿童所做的卓越贡献，以及各种各样逐渐显露出来的缺陷。

皮亚杰是个特立独行的开拓者，开拓者不可或缺的是创新精神和创新能力，而他理论中的某些缺点也说明：让一个独辟蹊径的创造者保持审慎与克制与让一个墨守成规的保守者保持突破与进取一样的困难。

而眼下的中国恰是两端发热。要么呼吁古为今用，要么提倡洋为中用，然而，无论是国粹还是西化，冷静、客观、严谨地去付诸行动，才是真正需要具备的科学精神。

希望教养者在儿童面前能够保持谦逊，别用自己的眼睛去做判断，而善用自己的耳朵去倾听。

倾听孩子的心声，仿如倾听一场花开的声音。

会听的人才懂得看

"老师，我画完了，我画的章鱼。"幼儿园大班，5岁的杨昕画好了图画，高兴地告诉班级老师，希望老师欣赏他的画作。

老师走到杨昕桌前，与他同桌的孩子也不由转头打量他的画，脱口说："你画得什么呀，黑糊糊的，好脏。"

的确，杨昕声称画了章鱼的纸上充斥着一团杂乱的墨渍，看上去脏兮兮的。但老师不改声色，依然轻柔地表示："我想我们被黑色遮住了眼睛，看不清杨昕的画了。杨昕，你能把你的画向我们描述一下吗？"

"章鱼很聪明很聪明，遇到危险时它会喷出墨汁，它能一下子喷出6

次墨汁呢，好多好多，把海水都染成黑色了，所以，敌人就找不到它了。我画的章鱼正在喷墨汁，你看，现在我们真的看不到它了，它用墨汁遮住我们就逃掉了。"杨昕很自信地解说他的画。

老师回以微笑："你画的章鱼真聪明，把自己藏得那么好，逃得那么快，怪不得我们看不到它。"老师接着问，"你是不是也知道章鱼，会变色?"

"知道。"杨昕回答，老师注意到他的迟疑，却仍接口说，"你还知道章鱼会变色，一下子能变出6种颜色。你对章鱼这么了解，真是章鱼的好朋友，下次你能把会变色的章鱼画出来吗?"

"行!"杨昕果断地回答。

解读：在幼小的孩子面前，成年人如何放弃自己的固定经验，保持谦逊的心态俯下身来看孩子，是十分关键的。

当父母或老师的眼睛看到一张纸上满是墨汁时，别轻易下判断，因为你根本不了解真相。那么，真相在哪? 真相在孩子的心灵里。

让我们看下此案例中老师的智慧：

首先，对看到的画面保持客观，向孩子请教，把诠释的权利留给孩子；

("我想我们被黑色遮住了眼睛，看不清杨昕的画了。杨昕，你能把你的画向我们描述一下吗?")

其次，在不使孩子感觉被挫伤、被贬低的前提下巧妙地向孩子传授新知识；

("你还知道章鱼会变色，一下子能变出6种颜色。")

最后，在保持孩子愉快心情的前提下，自然而然地提出进一步的作业要求，激发孩子继续学习的愿望以提升孩子的绘画水平。

("你对章鱼这么了解，真是章鱼的好朋友，下次你能把会变色的章鱼画出来吗?")

谁影响了孩子的判断？

给儿童看两排纽扣，纽扣排列得整整齐齐，让儿童能够清楚地看出这两排的纽扣数目是相同的。儿童的确做出了这样的回答。然后，研究者将一排纽扣的排列拉长，再问儿童两排纽扣是否一样多？学前期儿童会说长出来一些的那排有更多纽扣。当把其中一排的纽扣往里聚而变短，他们又说聚在一起的那排纽扣少了。

皮亚杰得出结论：这阶段的儿童还没有形成守恒概念。

解读："守恒"是皮亚杰给出的一个名称，用于表示对物体的某些基本特性的理解和认识。守恒能力即是指能认识到物体的外观变化不会影响它的本质。

皮亚杰创造了一系列的任务来证明儿童思维的本质特点，其中，他的守恒概念是最著名的。在数量守恒、长度守恒、质量守恒及容量守恒的每一个例子中，他都证明了儿童对事物的概念被其外观特征所左右，他们很容易被表面的变化所影响从而改变对事物的认识。但，年龄稍长处于具体运算阶段的儿童就可以认识到这样的变化对于事物的根本特征毫无影响，能够以不变的观念看待这些基本特征，即获得了守恒能力。

皮亚杰的任务程序都是一样的：先让儿童自己看，同意两个物体在一些方面是一样的，然后对一个物体的表面特征进行改变。问两个物体是否还是一样。

但是，多年后另两位学者重复了这个实验，但过程中引入了一个"调皮的小熊"，小熊向下弯腰碰到了纽扣上，不小心弄乱了一排，把它们变短了。

虽然很少的学前期儿童在实验者破坏纽扣位置时，能够看出纽扣的数量不变，但大多数的儿童在调皮的小熊做时，却看不出来了。

如此一来，即便4岁的儿童也能在这种情况下看出数量不变，而在另一情形下则不能。

为什么会如此不同？根据学者的解释，原因在于儿童是怎么解释这种情形。当大人移动其中一排纽扣，让儿童比较纽扣数量时，学前的儿童相信肯定发生了变化，否则，就没问的意义了，而"调皮的小熊"不小心改变了一排纽扣的外观和排列时就不同了，没有他人加入的多余动作，在此时，儿童能够更容易表现出他们已取得的对守恒概念的理解能力。

这一例子说明实验程序变化可能会带来不同的结果。

很显然，儿童在实验任务中的表现取决于很多因素，不只是这样具体的任务。社会背景、儿童对大人意图的理解、采取的步骤、所用的测量方式——所有这些都影响所获得的结果，但皮亚杰没能考虑到这些因素。即便是在给出儿童指导语时，所用的语言是熟悉的还是陌生的，都应该加以考虑。

需要说明的是，皮亚杰的守恒概念是有价值的，也是成立的。实验结果的差异只说明了儿童可以更早地达成守恒能力。但儿童若要达成更成熟水平的思维不是向一个混沌不知的儿童灌输必要的信息就能够实现的。已有的研究的确证明，如果儿童尚处于前运算阶段的时候，训练他们守恒的概念几乎没有效果。

处于前运算阶段的儿童思维特点是前逻辑推理，它的特征之一便是"不可逆性"，而守恒能力的其中一个要素更是思维的"可逆性"，仅此一点便可知，问题的真正所在是，当儿童仍处在心理过程有待于提升到更高阶段的时期时，这期间，不论怎样的努力培训都不会使他们发展到位。

所以，提醒父母们要了解儿童认知水平所处的发展阶段，一味提前的施教只属盲目开发，对儿童的自身发展并无实际益处。

有关"第一叛逆期"

父母A：小雨妈妈最近发现2岁的小雨有些不一样了，以前温顺乖巧的小雨，现在动不动就和妈妈唱反调。妈妈不让小雨穿红皮鞋，她偏要穿；妈妈让小雨不要去摸鱼缸里的小金鱼，她偏把小手放在里面玩；妈妈不让小雨钻到床底下去，她偏钻进去；妈妈让小雨叫人时，她偏一声不吭；妈妈让小雨睡觉时，她却赖在电视机前不肯走。小雨妈妈纳闷了：为什么我们家小雨变了呢？后来有人告诉小雨妈妈：你们家小雨进入"第一反抗期"了！

父母B：我家晓菲2岁半了，不知从哪天开始越来越不听话了。你让干什么，她偏不干什么。以前她喜欢做的事情，比如练习使用筷子，帮我干活擦桌子等这些事情，她现在全不爱做了，让她做她就跺脚、发脾气，嘴里喊着"不"。而且，凡是一次做不成功的事情，她就开始较劲，发脾气了。孩子这是怎么了呢？按理说我也算是开明的母亲，我也能理解"哪里有压迫哪里就有反抗"，可我们并没压迫她呀，甚至都没有强求过她，孩子怎么还这么叛逆呀？真是伤脑筋！

解读：需要说明的是，所谓"第一叛逆期"或称"第一反抗期"的说法，并不是基于全体儿童的一种普遍性、一致性的看法，而是带有"中国特色"的一种区域特征。

本土的"第一叛逆期"起始于儿童第一年末自我意识的逐渐明确。但自我意识的产生并不必然地导致儿童的叛逆，而是视儿童自我发展的愿望有没有获得支持。如果有，儿童则会在这期间获得自主感，如果没有，而

是被阻碍、被压制，儿童便出现叛逆行为。

艾里克森人格发展八阶段理论指出，1 岁半～3 岁儿童需要解决的是"自主性对羞怯或疑虑感"。此期间的发展任务主要是获得自主感，克服羞怯感或怀疑感，体现着意志的实现，积极的成果是坚持的能力和自主的能力。

我想，当我们清楚了这个年龄段的儿童需要进行和完成的任务后，我们也便大体上明白了为何会有中国特色的"第一叛逆期"。

目前的情形是，无论是成人为儿童提供的环境还是对儿童实施的教育行为，几乎很少能够促成儿童去完成他的任务，相反，总是令儿童处处掣肘。

第一，自我意志难以实现

从孩子能够走路开始，他便总会给成人的生活制造"麻烦"，于是，儿童不停地收到父母的忠告与禁令。这些忠告与禁令一方面固然是为了孩子的安全，但另一方面则是因为不愿或不懂如何去配合孩子的步伐。

当儿童第一次伸出小手去触摸东西时，代表着幼儿想洞察世界的自我努力，他本应该得到父母惊喜的关注，然而成人却害怕那双小手制造"破坏"，总是反复地告诫孩子："安静！乖！不要动手！不要乱走!!"

儿童有价值的行为居然比不上有"价格"的物件。一个连活动都受到限制的生命如何才能获得意志的体现？

第二，缺乏坚持的机会和体验

其实，中国的儿童岂止是缺乏坚持的机会，根本上来说，他们常常被剥夺坚持的权利。

本想自己扣扣子的儿童，手脚慢一点家长已不耐烦，三下五除二地替他扣了；明明搭积木搭到一半，父母告诉他吃饭时间或者别的活动的时间到了，必须从事另一活动了；刚把一个杯子拿手里，父母就赶忙喝止或从手上劫走，因为怕他摔碎了。

然而，在他无法专注、持久地去完成父母布置的任务时，父母开始指责他三心二意，半途而废了。

唉，难道我们培养过孩子的专注和坚持吗？甚至在孩子有此自发的良好行为时，我们给予过尊重和欣赏吗？

明明种的是瓜，为何期待收获豆?!

第三，无法获得良好的自主感

中国的孩子并非没有自主的时候，问题是，他们常常只有通过不良行为才能赢得自主。比如，耍赖、纠缠。更普遍的是，以消极态度和行为迫使父母做出"贿赂"性的奖励和让步，在父母的奖励和让步中得到自主感。

可惜，这是一种被扭曲的自主感。

但这并非孩子的错，如果和成人相处的经验是"点头不算摇头算"，孩子自然就学会了摇头。任何行为模式都不会单方面养成，它一定是互动的结果。

第四，成人与儿童的互动不对接

所谓互动不对接就仿如专业不对口，在儿童的教养问题上，成人不是用错工具就是用错了劲，用北京人的老话说："我说前门楼子你说机枪头子。"而广东人的话最贴切："鸡同鸭讲。"当沟通都成问题时，反抗自然随之而来。

第五，被忽视的儿童情绪

自我意识觉醒后，儿童的情绪愈加复杂化和多样化，加之1岁半～3岁的孩子口语表达能力有限，当孩子被负面情绪困扰时，他不懂也不能作出适宜的应对。儿童很大一部分的"叛逆"或"反抗"行为，其实都属于情绪的宣泄，这也是为什么父母觉得孩子"不讲道理"的原因，因为讲道理的是"理智"而非情绪。如何理解孩子的情感情绪，如何引导儿童认识和管理自己的情绪，应该成为父母一个重要的课题。

宝宝是"势利鬼"

案例：宝宝是个"势利鬼"

宝宝3岁多，已经上了半年幼儿园了。入园之前的两年多宝宝是由姥姥姥爷带的，老人的隔代疼大家想必都知道，宝宝难免也就有些小毛病：比如有些自私、任性、霸道，我们本以为等孩子入园后过上集体生活，又接受正规的学前教育，这些毛病自然而然就会好转。所以，当宝宝告诉我们佳伟是他的好朋友，因为"他送我卡片"时，我们为宝宝得到同伴的友情而感到安慰；当宝宝告诉我们他喜欢郑老师，因为"她亲了我"时，我们也为宝宝有个呵护他的老师而感觉高兴。可是，昨天我的一个闺中好友来访，和宝宝嬉闹中问宝宝最喜欢哪个阿姨——即我的一帮时常走动的女友，结果宝宝选了"凤萍阿姨"，问其原因，答曰："她送我嘟嘟熊。"好友戏称他："你这个小势利鬼。"好友是开玩笑说的，不过我却上了心，此时再联想起此前宝宝向我们传递的信息，就有了另外的感觉：好像宝宝的确都是根据别人带给他的"好处"来做标准的哦……难道真像好友所说，这孩子是个"势利鬼"？若是，怎么才能让孩子不势利呢？

解读：觉得宝宝"势利"还真是误会了宝宝，其实，你所说的现象并非你家宝宝独有，学龄前的儿童都有类似的表现，心理学上把宝宝这种只能从自己的角度出发去看问题的趋向称为"自我中心"。

"自我中心"是瑞士心理学家皮亚杰在对儿童思维作了长期的精心的研究后发现的儿童思维发展阶段的一大特质。皮亚杰认为：2~7岁（前运算阶段）的儿童是自我中心的，这个术语并没有贬义，跟自私也无关，它代表的意思是指儿童专注于自身所知觉的世界，不能区别自己和别人的观点，不知道除了自己的观点，还存在着别人的观点；他只能从自己的观点看事物，以为事物就是他看到的样子，不可能再有其他的看法。是以"自我"为中心看问题。

在皮亚杰看来，自我中心是个广泛深入的倾向，在儿童行为的很多方面都能看出来。比如，问一个儿童他是否有兄弟，他会说"有"；然后问他的兄弟是否有兄弟，他便说"没有"。这是儿童不能从自己的角度转移开的一个例子。而同样的倾向也在儿童的谈话中出现，表现在集体独白上。当两个儿童在一起谈话时，儿童 A 会陈述某些事情，紧接着儿童 B 会说出一件话题完全不同的事，根本不是回答另一个孩子的问题等。如此看来，他们之间没有真正的交流，因为没有一个人会改变话题的焦点，其结果是两人都在独白。

所以，"自我中心"是前运算阶段儿童认知发展过程中的一个特点，并不涉及道德品质中的自私，与成人的以"我"为中心，不顾及他人和集体利益的自私自利也不是一回事。这种自我中心贯穿在儿童认知活动的所有领域，影响着他们的感觉、知觉、语言、行为和社会互动。

那么，该如何对待幼儿的自我中心呢？

第一，承认幼儿自我中心状态。

幼儿的自我中心有时可能促进幼儿喜爱神秘、冒险，幼儿在自己的头脑中假想出另一个不同于现实世界的想象世界，在那里幼儿可以控制一切，感受自己是有能力的，从这个意义上说幼儿的自我中心是有益的。儿童在假扮性游戏中的超常表现证明了这一点。

第二，尊重幼儿的思维特质。

"自我中心"的思维方式是孩子思维发展的驿站，它在人的思维发展中起着承上启下的作用。成人应当尊重它，让孩子说出自己内心真实的想法，并给予良好的反馈。

第三，适当顺应，宜疏不宜堵。

幼儿身上的自我中心表现是多方面的，应不以外在的压力来强求幼儿

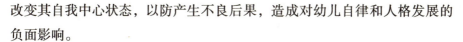

改变其自我中心状态，以防产生不良后果，造成对幼儿自律和人格发展的负面影响。

第四，因势利导，降低自我中心。

有实验证明两种因素可促使自我中心系数减少：一是儿童和他的同伴有着共同的兴趣，可以很自然地产生社会化的言语并指导着同伴间的协作；二是成人与儿童的交往，如成人对儿童游戏的参与及引导。

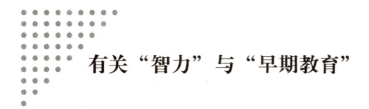

有关"智力"与"早期教育"

在《卡尔·威特的教育》一书中有着这样的片段：

"父母总是只着眼于孩子的天赋，而不注重全能培养，对他们过分挑剔，要求太高，最终会引起孩子的逆反、压抑与怨恨。因父母施加的压力过大而半途而废的天才不是少数。"

许多知名的人在成年后都说过，他们年幼时曾受到父母的极度催逼，结果留下终生的创伤。英国哲学家约翰·斯图尔特·穆勒的父亲在他少儿时期就无情地催逼穆勒，不允许他有假日，唯恐破坏他天天刻苦学习的习惯。也不给他丝毫的自由，事无巨细都对他严加管束，不允许他有"随意的"爱好。穆勒在青年时期经常精神抑郁，终生都感到有心理障碍。

卡尔·冯·路德维希是一个著名而悲惨的例子。卡尔是一个学业天赋极高的孩子，但因为父亲不停地催逼他，一心想使他过早地功成名就，他半途而废了。

卡尔的父亲亲自教儿子高等教学，强迫他在醒着的每一分钟都得学习。他反对一切与学业无关的兴趣，体育、游戏、对大自然的探索对他来说无足轻重。卡尔8岁时父亲就让他上大学水平的数学课程，9岁时他就在学习微积分并尝试写剧本了。他不断跳级，仅用3年时间就修完大学课程，11 岁大学毕业。他主修数学，大学的教授们预言卡尔会成为一名世界级数学家。

然而，开始的辉煌瞬间转为暗淡。卡尔上研究生院的一年后，对数学全然失去兴趣，随即转入法律学院，但很快也对法律失去了兴趣。最后他从事办事员工作，既不用思考，也不用担责任。

卡尔·威特认为："这两个实例说明，正确的教育方法是极其重要的。如果实施了错误的教育法，不要说禀赋一落千丈的孩子了，就是拥有高超禀赋的孩子也会被扼杀掉。"

解读：据英国媒体报道，由剑桥大学完成、英国 40 年来最大型的独立小学教育研究指出，未满 6 岁就开始接受语文和数学等正规学习的儿童，长大后学习表现反而不及较迟读书的同龄儿童。同时也有专家指出，早期教育过犹不及，超前在认知上起步，会阻碍孩子的身心情感发育。剑桥大学这一研究，使人们对一直推崇为真理的"早教"理论，产生了质疑：到底早教是否真的需要？如何早教才是恰到好处的？

其实，若由剑桥大学这一研究结果去质疑"早教"到底需不需要，就如发现了毒大米后怀疑人应不应该吃饭一样，本身就弄错了事情的实质。

无论是卡尔·威特所举的事例还是剑桥大学的最新研究，实质上显示出父母在对孩子实施早教时，存在着两大范畴的误解。

首先，是对"早期教育"的误解。

1. 对教育对象的误解

早期教育不只是对婴幼儿的教育，更是对父母与养育者的教育。父母与养育者不提升自己的教育水平与心理素质，很容易将早教导向更大的误区。

2. 对教育目的的误解

早期教育是身体、情感、智力、人格、精神全面成长的教育，开发智力是应该的，但学知识还不是它的目标。然而，70.5% 的家长以为早教就是提前学习英语、识字与数学，结果，导致现在越来越多的孩子在小学就已厌倦上学。

3. 对教育内容的误解

早教的内容是全面的、启蒙性的，可以相对划分为健康、语言、社会、科学、艺术等5个领域。各领域的内容相互渗透，从不同的角度促进幼儿情感、态度、能力、知识、技能等方面的发展。而很多父母很早就让孩子学写字，读英语，学画画，学钢琴，将这些视为早教。

4. 对教育方式的误解

早教的教育方式应以游戏为基本活动，寓教育于各项活动之中。然而中国人长期习惯了灌输式教育，独二代父母们自己是被灌过来的，无法通过社会学习获得正确的育儿技能，因而只有一再地重蹈覆辙。

正是对早期教育的误解，让中国的儿童深受其害，他们不仅被变相剥夺了童年的快乐，更让人担心的是，错误的早期教育令儿童在人格、情感、心智、精神层面极度匮乏，对善、美、真缺少基本的感受力。这才是早期教育的最大隐患。

其次，对"智力"的误解。

智力是指人们认识、理解客观事物并运用知识、经验等解决问题的能力。构成智力的5种因素为观察力、注意力、记忆力、思维力、想象力。

而目前父母对儿童的过度早教大都狭隘地集中在对记忆力的轰炸上，且采用的是背离儿童身心发展特点的相当简单粗暴的方式。其结果，即使这种早教取得了一些表面的成绩，也只是教出了高分低能的问题天才，伤害远远大于收获。

3岁前儿童的教育应基于两点：

第一，训练儿童动作的发展。

3岁前儿童的动作发展与智力发展密切相关。3岁前孩子动作的发展有一个从大到小、从粗到细的过程，比如，孩子刚开始时只能用整个手或手臂去拿东西；过了一段时间之后，孩子就可以用大拇指和食指去拿很细小的东西。孩子的这种动作变化是与大脑层运动神经的发展相一致的。多让孩子拿取各种小东西、小玩具，让孩子去观察各种事物，既可以通过动作和活动去促进大脑神经的成熟，也可以让孩子在拿取物体的过程中知道各种事物的性质。

第二，注意儿童语言的发展。

语言是获取知识、发展智力的一个重要途径。父母要有意识地培养孩子的语言能力。从孩子一出生起，父母就要给孩子讲故事，阅读优美的文章，不断地对孩子说话。等到孩子会说话时，父母可以采取与孩子谈心的方式训练孩子的语言能力，并注意让孩子在娱乐中学习语言，增长智力。

总之，不是要不要孩子进行"早教"的问题，而是如何看待儿童的智力，如何对儿童进行早教的问题。

还在跟孩子苍白无力地"讲道理"？

儿子彬彬才刚刚两岁出头，但是，从他1岁多我就发现他属于那种俗话称"油盐不进"的孩子，什么道理都没用。他犯什么错都不能说，一说就发脾气，手里有什么就扔什么（现在还只有这个表现）。事情过后你教育他，问他改不改，他倒是回答改，但当出现同样的事情时，他的承诺就不见了，取代的又是扔东西和哭闹。为此我心平气和地和他沟通过很多次，无奈的时候也说过他，骂过，打过……全都无用！有高手可以帮帮我吗？谢谢！

解读：当父母头疼自家的孩子"不讲道理"或者"听不进道理"时，他们没意识到，其实自己教育的误区正是和学龄前儿童"讲道理"。

儿童的道德水平发展受认知能力的限制，而认知能力又受生理成熟度的限制。也即是说，只有在儿童的生理发展到某一成熟度时，认知能力才能提升到某一高度，而儿童的道德水平同步发展到这一高度，无法超越。

儿童的脑的各部分发展不是均衡的，而是从低到高进行的。皮层下组织——首先发展，而脑皮层——即控制较高级的心理功能的部分——最后发育，并且在儿童期继续发育。

而脑皮层的内部发育也是不均衡的，例如：与视觉有关的枕叶的发育比与注意力和计划相关的前额叶要早得多。

2～7岁儿童的认知水平尚处于前运算阶段，这个时期儿童的认知开始出现象征（或符号）功能（如能凭借语言和各种示意手段来表征事物）。但此个阶段儿童还不能形成正确的概念，他们的判断受直觉思维支配。这期间儿童的思维为刻板性思维，逻辑推理也属前逻辑推理，它们的特点已在第二章里描述。

学龄前儿童的道德发展水平如何呢？

第一阶段：前道德阶段（出生～3岁）。这一年龄时期的儿童对问题的考虑都还是自我中心的。他们不顾规则，按照自己的想象去执行规则。他们并不真正理解规则的含义，分不清公正、义务和服从。他们的行为既不是道德的，也不是非道德的。

第二阶段：道德实在论阶段（3～7岁）。这是比较低级的道德思维阶段，具有以下几个特点：

第一，单方面地尊重权威，有一种遵守成人标准和服从成人规则的义务感。其基本特征：一是绝对遵从父母、权威者或年龄较大的人。儿童认为服从权威就是"好"，不听话就是"坏"。二是对规则本身的尊重和顺从，即把人们规定的规则，看做是固定的，不可变更的。皮亚杰将这一结构称为道德的实在论。

第二，从行为的物质后果来判断一种行为的好坏，而不是根据主观动机来判断。例如，认为打碎的杯子数量多的行为比打碎杯子数量少的行为更坏，而不考虑有意还是无意打碎杯子的。

第三，看待行为有绝对化的倾向。道德实在论的儿童在评定行为是非时，总是抱极端的态度，或者完全正确，或者完全错误，还以为别人也这样看，不能把自己置于别人的地位看问题。

第四，赞成来历的惩罚，并认为受惩罚的行为本身就说明是坏的，还把道德法则与自然规律相混淆，认为不端的行为会受到自然力量的惩罚。例如，对一个7岁的孩子说，有个小男孩到商店偷了糖逃走了，过马路时被汽车撞倒，问孩子"汽车为什么会撞倒男孩子"，回答是因为他偷了糖。在道德实在论的儿童看来，惩罚就是一种报应，目的是使过失者遭遇跟他所犯的过失相一致，而不是把惩罚看做是改变儿童行为的一种手段。

当父母掌握了以上内容后，就该明白：这阶段的儿童并不能理解和消化父母的"道理"，当孩子对父母点头时，是根据父母的态度做出的反应，而不是谈话的内容。当孩子说"好"时，也是依父母态度做出的附和，不代表他的表态，更不代表是他的承诺。所以，孩子在接受了父母的教育后"出尔反尔"几乎是必然的事。

并不是儿童的拒绝导致他对道理"油盐不进"，而是父母道理的存在方式不溶于儿童此刻的体质，所以，他们吸收不到。

跟孩子讲道理的几种方式

形式之一，故事与游戏

示例1：故事《靠自己》

小蜗牛问妈妈：为什么我们从生下来，就要背负这个又硬又重的壳呢？

妈妈：因为我们的身体没有骨骼的支撑，只能爬，又爬不快。所以要这个壳的保护！

小蜗牛：毛毛虫姐姐没有骨头，也爬不快，为什么她却不用背这个又硬又重的壳呢？

妈妈：因为毛毛虫姐姐能变成蝴蝶，天空会保护她啊。

小蜗牛：可是蚯蚓弟弟没有骨头，爬不快，也不会变成蝴蝶，他为什么不背这个又硬又重的壳呢？

妈妈：因为蚯蚓弟弟会钻土，大地会保护他啊。

小蜗牛哭了起来：我们好可怜，天空不保护我们，大地也不保护我们。

蜗牛妈妈安慰他："所以我们有壳啊！我们不靠天，也不靠地，我们靠自己。"

解读：儿童的"泛灵论"及丰富的想象使得他们对故事和游戏中的寓意能感同身受地接受与吸收，基于抽象逻辑的道理反而是他不理解的。

然而，目前国内的故事说教的意味太浓，而家长及老师在讲故事的时候"传道""授业"的目的过于强烈与明显，反而忽视了"解惑"的意义。

其实，一个美好的故事本身就具有渗透力和穿透力，何况，克制住自己片面、僵化的"布道"，让儿童自己从故事中体味和汲取营养才真正体现教师的素质及教育的素质。

画龙点睛是种灵气，但"点"了后若再去"描"就成了匠气，反而是败笔了。

给儿童讲故事时注意：首先，别选自己都不喜欢的故事，打动不了父母的故事也很难打动儿童；其次，别去画龙"描"睛，克制自己试图教化儿童的欲望。

形式之二，变理性为感性、化无形为有形

示例2：小狗也难受

卡尔·威特看到儿子小卡尔由于喜欢一只小狗，便拽小狗的尾巴玩。

卡尔伸出手拉住了儿子的头发，感觉不舒服的小卡尔扭头看爸爸，这时，卡尔问儿子："我拽着你头发你觉得难受不难受?"小卡尔表示难受，卡尔点点头，告诉他："小狗也觉得难受。"

于是，小卡尔松开了小狗的尾巴，爸爸也松开了他的头发。

解读：学龄前儿童自我中心的特点使他们无法从他人的立场看问题，而形象思维也很难理解抽象的道理，所以，对这个阶段的儿童讲道理时需要变理性为感性，让儿童能够感同身受。同时，也需要化无形为有形，即把抽象的事物转化为形象的事物。

这里，对小卡尔而言，"小狗会难受"是件无法体会的抽象的东西，所以，即使当时他听爸爸的话放了小狗的尾巴，哪天趁爸爸不在的时候他仍会去拽小狗尾巴玩，不是孩子玩劣，是他不明白小狗是怎样的难受法。然而，当他自己被爸爸扯住头发后，他理解了。

这里需注意的是，父母的态度很重要，不要用苛责或惩罚式的态度与语气，而要保持平和，要给孩子这样的印象：父母拉住他的头发就像他拽小狗尾巴一样是没有恶意的，只是为了让他明白小狗的心情。这就够了，事后不要追加说教。

其实，儿童远比我们以为的聪明，也远比我们以为的善良，只要成年人没有用错方法使错力气，儿童真的是可以做到自律的；而且，比成年人做得还好。

第五章

孩子大了，怎么处理亲子关系？

我知道也不是所有表演项目都有保留价值的，比如，虽然我现在抓住东西不肯放手你们觉得好玩，长大还这样你们一定说我小气；还有，现在我吃自己的小手你们不拦我，长大还吃说不定就会往我手指上抹辣椒水……我没说错吧？我很明白的！

序 言

XU YAN

虽然你们已经知道了我不少的秘密，不过作为初来人世的新生儿，我还是带来了我的出生证明和能力简介，希望大家给予关注：

新生儿期是指我打出生后跟妈妈的脐带"一剪两断"后 28 天之内。由于大脑皮层尚未发育完全，我能表演许多特殊的反射动作，会让注意我的人感觉有趣又神奇，也让我很高兴甫一出场就带给大家这么多的惊喜。不过，我很诚实地告诉大家，这期间我的很多拿手好戏大都属于哺乳动物所应具有的本能，这本领大家出生时都带出来表演过，只不过后来你们忘了，我好意告诉你们，这样你们就不用自卑啦。

还有一点儿需要提前告诉你们的：这些神奇的本领随着我一天天长大多半将逐渐消失的。当然，有的像游泳啦、吊环啦这些运动如果你们及时巩固，我还是可以作为保留节目继续为你们表演的，否则，你们可不要失望哦。

我知道也不是所有表演项目都有保留价值的，比如，虽然我现在抓住东西不肯放手你们觉得好玩，长大还这样你们一定说我小气；还有，现在我吃自己的小手你们不拦我，长大还吃说不定就会往我手指上抹辣椒水……我没说错吧？我很明白的！

所以，尽管本能反射消失的时间不是每个宝宝都一致，但老是不肯放弃旧技术其实也是不正常的事情。如果我有这种情况的话大家可别光顾着傻乐哦，要及时替我向医生问问是怎么回事，可别误了我的健康发展。

好了，下面是我的节目单，但愿你们欣赏我的表演时会喜欢。（注：欢呼声免，掌声可以有，但不要太响，我的听力很娇嫩的）。

一、吸吮反射：当新生儿口唇触及乳头时，便张口且出现口唇、舌的吸吮动作称吸吮反射。若吸吮的力度变强，则表示小家伙已经饿坏了。该反射一般在1岁后消失。

二、寻觅反射：新生儿面颊部触及母亲乳房时头即转向乳房，找乳头；用手指或其他物体接触新生儿面颊部、口角边，也会有类似反应。即使闭着眼睛，也会准确无误地找到"目标"。宝宝通过这样的反射动作，会找寻乳头以获得良好的营养。

三、拥抱反射：新生儿仰卧，四肢外展伸直，除拇指末节屈曲外，其余各指伸直且呈扇形张开。脊柱与躯干亦伸直，数秒钟后四肢又内收屈曲，犹如拥抱动作。随后新生儿面部紧张，在双臂放松时发出哭声。这是新生儿对外界意外刺激的反应。拥抱反射一般在宝宝3~4个月时消失。

四、惊跳反射：突如其来的噪声刺激，或者被猛烈地放到床上，新生儿立即把双臂伸直，张开手指，弓起背，头向后仰，双腿挺直。

五、游泳反射：在水下分娩的婴儿，可在水中游来游去而不呛水。

六、握持反射：用手指接触新生儿手掌、足底或指趾会引起指趾屈曲活动。将食指放在新生儿掌心，能立即感到手指被婴儿攥紧。借此可将婴儿提升在空中停留几秒钟，就像人类的祖先在森林中悬吊在树枝上一样。手的握持反射一般在宝宝4~6个月时逐渐消失，之后就会出现随意动作。

备注：

这6种反射，反映了宝宝在出生后满足生理需要及心理需要的本能，也是要求得到庇护的强烈需求。这些反射动作，该有的时候没有，或是该消失的时候没消失，都属于不正常状况，甚至与宝宝脑部中枢神经发展有关，父母亲应尽快带着宝宝去寻求专业医师观察与诊治。

温馨小贴士：

除了这些大脑发育未完全的表现外，新生儿还没有发育完整的部分很多，仍需要经过一些时间的学习与适应，才能熟悉生活节奏。就让我们来看看，还有哪些基本能力是宝宝与生俱来，且特别需要我们去细心呵护的呢？

1. 消化系统：由于宝宝的肠、胃等消化系统以及唾液系统尚未成熟，所以应提供新生宝宝液体状的乳制品（如母乳或婴儿配方奶），宝宝4个月前都应以液体的奶水为主。此阶段除了奶水之外，其他的副食品（如蔬菜泥等食材）都应尽量避免。新生儿不时会有吐、溢奶的状况发生，这是由于新生儿的胃食道尚未成熟，轻微的溢奶状况是正常的，无须过于担心与恐慌。

2. 睡眠：新生儿通常1天需要15～18小时的睡眠时间，且睡眠状况较不稳定，甚至在夜晚睡睡醒醒的状况也相当频繁。毕竟新生宝宝尚无法分辨昼夜，所以或多或少都会有日夜颠倒的现象。随着月龄的增加，约3～4个月大时，宝宝的睡眠作息才会逐渐趋于正常与规律。

3. 体温：因为新生儿的体温调节能力还不健全，体温容易随着外在环境上升或下降，因此，医生建议最好将新生儿放置在25℃～28℃的室内。当周围温度低于10℃或高于30℃时，宝宝的体温也会随之发生变化，甚至影响呼吸或中枢神经，不可不慎。

4. 头颅：新生儿的头骨偏软，轻轻摸甚至可以发现头顶有前囟门和后囟门两处软软的地方没有头骨，这是因为宝宝的头骨尚未闭合，所以留下两处空洞。一般而言，后囟门在宝宝两个月内就会闭合，前囟门则可能拖到宝宝8个月左右才闭合。爸爸妈妈必须随时注意宝宝头骨的发展情况，骨缝太早或太晚闭合都是不正常的现象，需要让医生诊断有无特殊疾病。

5. 皮肤：新生儿出生后，由于胎脂还堆积在身上，皮肤又细嫩，因此对油脂的反应会强一些，产生许多过渡期的皮肤状况。一般而言，主要是不需要任何治疗即可自行消退的良性皮肤病，较常见的为尿布疹。

得了尿布疹的宝宝，屁股会红红的。尿布疹大多是因为不透气、湿度增加、PH值改变、尿液及大便刺激所引起，有时也会因细菌感染导致尿布疹。

所以，要尽量维持宝宝屁股的干燥、清洁。宝宝的尿布湿了要赶快换掉，而且尽量不要用痱子粉。因为痱子粉含有化学物质，当宝宝皮肤发炎时，使用痱子粉只会刺激皮肤，让情况恶化。

放养是放开"手"不是放下"爱"

"可可，过来亲妈妈一下。"好几天没看到女儿，去幼儿园接女儿的姜女士满心欢喜地向女儿张开双臂，期待女儿扑到自己的怀里。谁知可可看到她不仅没往前走，反而直往奶奶身后躲。姜女士难过了，向班级老师求援。老师指出，这是对孩子不当"放养"造成的后果。

3周半的可可是幼儿园小班的小朋友，老师说，可可很聪明，领悟力很强，但不够活泼，胆子小，也不像其他小朋友有个性。可可每天最开心的时候，就是爷爷奶奶来接自己放学时，那个时候她才会像只快乐的小燕子。

可可入园快一个学期了，父母却从来没参加过幼儿园的活动。可可的父母曾表示从不知道幼儿园的活动，因为孩子的爷爷奶奶从没通知过他们。可可的父母各自开设了公司，一心扑在事业上。父母把年幼的可可托管在爷爷奶奶家里，只有周末才会接孩子回家。

姜女士曾向老师倾诉苦恼：自己和祖辈的育儿观存在冲突。自己主张"放养"，例如很小时就教孩子做力所能及的事；祖辈则替孩子做好了一切，就连穿鞋子也包办了。姜女士怎么也想不通的是，自己的教育方法才是科学的呀，为什么女儿不仅没能按自己教导的方向发展，还把爸爸妈妈当做"陌生人"？

而老师觉得，爷爷奶奶一味溺爱的教育方式肯定不当，但姜女士的"放养"方式也走进了误区，"放"得过于彻底。幼小儿童最渴望的是家长无时不在的关爱，不同的关爱方式极容易形成幼儿不同的性格特点。姜女士长时间把孩子托管给祖辈，偶尔才和孩子接触，而且，姜女士在和孩子有限的相处中会忍不住要求改掉可可的"坏毛病"，很容易令孩子产生反感，对比之下更觉爷爷奶奶才是自己最亲近的人，对爸爸妈妈不免心存抵制与防御，哪里还亲近得起来呢？

解读：宝宝最初的依恋关系往往产生在宝宝与直接教养者之间，可可只和爷爷奶奶亲，和爸爸妈妈却较为陌生就表明了这一点。

宝宝安全感的基石——依恋关系

以马斯洛的需要层次论来看，生理需要理所当然是第一位的，而当生理需要获得满足后，紧接着需要获得的便是安全的需要。最初的安全感来自于最初的亲密关系——依恋关系。

亲密关系的质量取决于婴儿0～1岁半的婴儿期内，是不是得到了足够的爱与关注，父母及其他养育者的拥抱、亲吻、抚摸对婴儿期的宝宝有着重大的意义，这会令婴儿感到所处的环境是个温暖安全的地方，周围的人们是可以信任的，由此扩展为对一般人及环境的基本信任。

如果婴儿在0～1岁半得不到周围人们的关心与照顾，就会对外界，特别是对周围的人产生害怕与怀疑的心理，直接影响依恋关系的形成。

无论从哪方面来看，儿童形成的第一个关系都非常重要。首先，和其他随后形成的关系相比，第一个关系对儿童的健康更重要，因为它显示了保护、家和安全，并影响到儿童所有的生理和心理能力。另外，这个关系通常来说是一个持久的联系，在整个童年期一直都起着重要作用，甚至是青春期以后孩子的安慰源泉。还有，越来越多的现象证明，这个关系是其他所有亲密关系的蓝本，尤其是成年期形成的婚姻关系。

什么是依恋？依恋具体有哪些特征？

依恋可以定义为对特定的人的持久的感情联系。这种联系具有下列特征：

★他们是有选择性的，即他们集中在某些特定人的身上，这些人引发的关系在方式上和程度上都是其他人所不具有的。

★他们涉及寻求身体的接近，就是要努力保持与依恋对象的接近性。

★他们提供安慰和安全感，这是亲近接触的结果。

★他们产生分离焦虑，如果这个关系受损，难以获得接近。

宝宝依恋行为的表现与发展

依恋关系具有进化的基础和生物的机能。它的形成是因为在人类早期，当捕食的动物发现真正的危险时，孩子需要一种机制使自己与他们的养育者紧挨着，这样可以获得保护，提高生存的机会。作为自然选择的结果，婴儿发展出吸引父母注意力的方式（如哭泣），保持注意力和兴趣的方式（如笑和发出声音），以及获得或者保持接近性的方式（如紧跟着或靠着）。这就是说，婴儿从遗传上就被"连通了"，与可能保护他、回应他，在苦恼时能帮助他的个体接近。许多用于这个目的的依恋行为从最初的几个月开始就是婴儿反应的保留节目。最初，这些行为以自动的、固定的方式起作用，对很多成人都可以产生，但是在生命的第一年过程中，这些行为开始集中到一两个身上，被组织成一个灵活的、复杂的、有计划性的稳定行为系统。依恋的生物功能就是生存，其心理功能就是获得安全感。当然，这个关系只有在父母回应儿童的行为时才能运作。所以，父母依恋系统的发展是在进化过程中以补充的方式出现的，它保证了父母这一方也被设计好了要回应儿童的信号。

依恋的功能就像一个控制系统一样，也就是像一个自动调温器，它被设计为去保持一个特定的稳定状态，即和父母保持近距离。达到这个状态时，依恋行为是静止的，孩子不需要哭泣或者缠着父母，可以去追求其他的目标。但是当这个状态受到威胁时，比如说母亲从视线里消失或者陌生人走近，依恋反应就被激活，儿童积极努力去重新获得稳定状态。随着年龄的变化，儿童的认知能力和行为能力不断增长，他们启动这项任务的方式会改变：6个月大的孩子只会哭泣，而3岁大的孩子能呼唤妈妈，跟随着她，或者在特定的地方找她。这种关系还会根据孩子的状况改变：假如生病了或者累了，儿童的反应相当容易被激活，接近妈妈的要求也更大。同样，它还会随着外在环境而变化，与在陌生的环境中相比，儿童在熟悉的环境中更能容忍妈妈不在身边。但是，依恋由一个行动的、认知的情绪网络组成，其目的是为了提高人类的基本生存要求。

宝宝依恋关系的形成过程

与他人形成关系是一个高度复杂的技巧，所以儿童的依恋关系需要经历一年后才出现，这就一点儿也不奇怪了。当依恋关系最初出现时，它是一种多少有点简单的形式，要经过很多年才能成熟，以下4阶段图解随着行为变得越来越有组织、灵活和有意识。依恋的本质是怎么发展的？

依恋的发展

阶段	年龄段（月）	主要特征
前依恋期	0～2	无区别的社会反应性
形成中的依恋	2～7个月	学习基本的交流规则
明确的依恋	7～24个月	分离抗议，小心陌生人；有意图的交流
目标矫正的伙伴关系	24月以后	双方的关系，儿童理解父母的需要

在第一阶段，前依恋期，婴儿清楚地显示出他们来到这个世界时已经被赋予了与他人交往的能力。这种社会前适应有两种形式：

★知觉的选择性指视觉的和听觉的偏好使婴儿从一出生就预先倾向注意别人。

★发出信号的行为就是婴儿用哭和笑这样的手段吸引和保持别人的注意力。

尽管生命最初的几周里这些机制还是粗糙的、无差别的，但是它们保证了婴儿在非常依赖他人的时候能和他人接触，保证了婴儿的生存。

在第二个阶段，形成中的依恋，从第2个月到第7个月，婴儿获得了与他人交往的基本规则。这首先包括注意力和反应性的相互调节，这些在面对面的交流中尤其需要。为了让交流"流畅"，交往双方的行为需要同时化，婴儿必须学会将自己的反应和他人的反应交织在一起的技巧。

在第三阶段明确的依恋关系，一直持续到大约第二年，有明确的证据显示，婴儿的个人交往已经形成为持久的关系。首先，从大约7~8个月开始，婴儿变得能够思念妈妈了：以前，婴儿与妈妈的分离毫不在意，还愿意接受其他人的关注。现在，分离时的不安和不愿与陌生人接触表明，一个依赖妈妈现实存在的关系建立了。这个关系还有一个持久的性质。人们不再是可以互换的：婴儿拒绝陌生人是因为即使在妈妈不在的时候也定向在妈妈那里，一个集中在特定人身上的关系形成了。这是发展过程中一个重要的里程碑。

在第四阶段，目标矫正的伙伴关系，两年以后，依恋关系发生了许多深刻的变化。特别是儿童的行为变得越来越有意图。以哭为例：当3个月大的婴儿疼的时候，为了回应疼，他会哭。而2岁的孩子哭是为了叫妈妈来处理疼。小一点的孩子对他行为的可能后果没有任何期待，而大一点的孩子可以预测到后果，因而故意通过哭来获得帮助。还有，大一点的孩子可以根据情境来调节自己的哭：比如，妈妈离得越远他哭得越大声。假如哭不起作用，其他的依恋反应会用来达到目的，比如叫喊或者跟随。同时，儿童开始理解他人的目的和情绪，并在设计自己的行为时把这些考虑进去。简言之，儿童变得越来越能够根据自己的和别人的目的设计自己的行为，这样，他们加入了目标矫正的伙伴关系。

在最初阶段，依恋主要是关于特定情境和期望的指引，具体表现为每天都体验到与依恋人物的交往和情绪，一旦形成之后，这些模式将指引儿童在以后所有亲密关系中的行为。

宝宝的安全感取决于依恋的类型

依恋的类型

类型	陌生环境中的行为
安全依恋	儿童显示中等水平的寻求接近母亲，母亲离开后不安，重聚时积极迎接。
不安全依恋回避型	儿童躲避与母亲的接触，尤其是分离后重聚时，在和陌生人在一起时不是很不安。
不安全依恋矛盾型	与母亲分离时很不安，母亲回来后不容易被安抚，既寻求安慰又抑制安慰。
混乱型	儿童没有显示出对压力的一致性方法，对母亲显示出矛盾的行为，如在躲避后又寻求接近，表现出对关系的不解和害怕。

若宝宝与教育者之间形成的依恋关系为安全型依恋，则宝宝具有安全感；其他 3 种类型都是不安全型依恋，宝宝的安全感便相应地呈现出各自的问题。

依恋关系的长久影响

依恋是个终生的现象，并不只是局限在生命最早的几年，汇总成人依恋访谈的资料，总结出个体在依恋方面的思维状态。包含下面 4 类：

自主型 这一类个体坦率地、流畅地讨论自己的童年经历，承认既有积极的也有消极的事情和情绪。所以他们可被认为是安全的，不像其他的三级。

排斥型 这些个体似乎和童年的情绪割裂开来了，尤其是否认自我消极经验或者去掉消极经验的意义。

执迷型 这些人过于沉迷在自己的回忆中，表现得如此受不了，以至于在访谈中变得不流利和迷惑。

混乱型 在痛苦的经历之后，这些人表现出他们无法成功地重新组织自己的精神生活。

初步证明　这 4 个分类分别与儿童依恋关系中的安全型、回避型、矛盾型和混乱型相联系。就是说，母亲归到哪一类，她的孩子就可以归到对应的哪一类。

注意！！！

鉴于国内儿童心理研究的严重滞后，目前关于依恋关系的理论仍沿用英国精神分析师约翰·鲍尔比的依恋理论。然而在西方根据此理论所展开的一系列实验结果，已在很多方面对依恋理论做出了补充及修正，尤其是"多重依恋"的观点和早年经历"社会性剥夺"的儿童一样能够形成亲密的依恋关系的研究结论，都向人们提示鲍尔比依恋理论的适用性问题。

在我国，就儿童依恋关系的阶段性来说，鲍尔比依恋理论对 3 岁前的低幼儿童适用性较高，但 3 岁后的幼儿则需要参考其他因素的影响。

其中最重要的 3 方面：

1. 儿童开始集体生活后，可能形成的"多重依恋"对此前依恋关系的修正与弥补。

2. 儿童具有自我意识后，对自我认识和评价也影响依恋关系形成的类型。

3. 特别警示：国内儿童心理研究普遍忽视的东西方文化差异。

3 岁前的孩子缺乏自我意识，安全感主要来自于对依恋关系的评价，即，儿童是否具有对亲密关系的足够信赖；然而，随着儿童自我意识的增加，安全感同时还来自于——儿童是否有对自我的信赖。而这在我国恰恰是个盲区。

之所以存在这个盲区，源自于东西方文化的巨大差异，若要使儿童信赖自我，必须在 5 岁左右对儿童进行"亲密剥离"，即需要拉开亲子间的亲密关系，使孩子自己面对分离焦虑，并在抵御分离焦虑和学习如何处理分离焦虑的过程中，形成对自我的信赖，即我们通常所说的相信自我的力量。

西方的理论之所以并不对此进行专门研究，是因为西方的亲子关系及亲子教育里"亲密剥离"是个极自然的必由之路，根本不必要强调和提醒；而东方的文化却天然地缺少这一环节。

之所以做此警示，是因为目前这一缺失造成的恶果已愈加醒目：年长儿童对亲密关系的依恋已演变成依赖——这是可想而知的，如果个体只有对亲密关系的信赖却没有对自我的信赖，结果必然是紧紧依附在亲密关系中难以自处。而我们也别忘了，其他亲密关系的模式与儿童时形成的依恋关系有很高的一致性，其结果想必我们也看到了，便是不良婚姻关系中彼此难以剥离的依赖行为。

儿童安全感——游戏诊断与治疗

先做个区别说明：本篇中"躲猫猫"游戏与"捉迷藏"游戏并非同一种游戏。

躲猫猫游戏：指并非分开躲藏，而是用物件做掩体，反复地遮住脸又露出脸，以此逗乐孩子的游戏。

捉迷藏游戏：指由一人当寻找者，另一人或多人藏匿的游戏。

游戏背景

最先对捉迷藏游戏产生新的认识的并非教养者或教师，而是儿童心理治疗师，对捉迷藏游戏的关注与认识开始于现实中的真实情境，观察儿童如何在游戏室中进行这个游戏，很直观，加上室内甚至没有可以完全藏匿的地方，这使得研究者能清楚观察到孩子的动态。

在许多针对儿童的治疗情境中，治疗师发现有着大窗帘的游戏室中，孩子常常会在窗帘后消失，然后又出现，这其中有着许多的躲猫猫及捉迷藏的情境，这个经验让治疗师有继续研究这个治疗方式的动力，并且在设计未来治疗时增加了可便于儿童藏匿的地点。

游戏功能

从婴孩、学步的孩子到幼小的孩子的情绪发展顺序，包括从躲猫猫到追逐游戏，至最后的捉迷藏游戏。这些游戏背后所要完成的任务包括了：1. 熟悉人际焦虑与分离焦虑；2. 透过团聚经验分离个人及亲密关系，这些都引导情绪的管理及自我的整合。

躲猫猫以及捉迷藏的游戏可以帮助孩子从需要父母在场，转变到在心理上建造一个内在的精神生命，来帮助他们在父母或是主要照顾者不在场时也能安心。这些游戏十分普遍，显见于各种孩子童年的游戏中，治疗师发现那些无法达成安全型依恋的儿童，特别是一些有着脆弱感情或是无法自行发展的孩子，都会长时间地重复这些游戏。在治疗师适当的引导下，捉迷藏这个游戏可以帮孩子重新定位自己的发展空间，面对焦虑，赢得控制感，并建立强壮的自我意识。

游戏方法

带领儿童开始这个游戏的方法可以先说："把你的眼睛先闭起来"，或是"假装你看不到我"；许多时候甚至不用言语表达，只是在治疗者转过身时他们就躲到椅子下或门后。这种非口语的沟通方式就是一种进入游戏的邀请，在这些情况下，治疗师也可以利用口语或非口语的方式进入游戏。在游戏中儿童表现出了诸多感觉：儿童对身体的觉醒、被需要及被寻找的快感、惊异的乐趣、掌控与互动的权利、丧失感所带来的焦虑、重聚的欢乐与释放、对孤单的恐惧、对恐惧的征服、让成人困惑的极大欢乐，以及具有魔力的权利感。

在寻找以及找到孩子的过程中，治疗者必须强烈地用口语表达这些情绪："喔，我看不到你（有一点儿惊慌）！""我好想和你玩游戏（失望的口气）。""如果我找不到你怎么办（有一点儿悲伤）？"如果我见不到你，我会好难过喔！""你在这里啊（很大的释放与喜悦）！"这些在角色对换时也有相同的重要性（使儿童能清晰地感受游戏所裹挟的各种情绪，感受

的同时伴随着这些情绪的觉醒及儿童对它们的了解、控制和表达)。

这个游戏治疗技巧对于有多重丧失、被疏忽、父母离婚、亲人死亡、忧虑、多次搬家、自己或是照顾者住院,或是其他种类的丧失情况的孩子有着极大的帮助,特别是在孩子有不被需要的感觉时更是如此。

不同的孩子,各自有着不同的依恋问题,他们有许多不同的表现方式,最原始的方式就是在"躲猫猫"中表现出的对"消失"感到的焦虑,以及对重新有所接触的惊奇。这里有一种消失又重新出现的即时性。在游戏的初期或是结尾时,这是个即时性的反应可使治疗者比较儿童在治疗法初期或是结尾的亲密度,以此评价儿童游戏前后不同的焦虑等级。

捉迷藏游戏是一种比较有自我意识的游戏。对于顺从规则有着特定的强调,同时也可以对调角色,让孩子扮演被动或主动的角色(藏匿者和寻找者)。

治疗师们注意到一些在游戏中出现的反应模式,并将这些反应一一列出并附以适当的假设,治疗者可以帮助孩子了解这些情况并解决这些问题。

情形 A:孩子只想当寻找者。

假设:需要控制的感觉。

解释:你想当领导者……比较喜欢控制的感觉。

情况 B:孩子不能忍受一直躲着。

假设:不能忍受孤单的焦虑和紧张。

解释:孤单的时候会紧张……或者害怕没有人注意到你或者找到你。

情况 C:不想被找到的孩子。

假设:逃避亲爱关系,对愤怒和依附的矛盾。

解释:你很愤怒也不想让我看到……不希望任何人接近。

情况 D：孩子想一直玩下去。

假设：无法满足内心对关注的渴求。

解释：你是否无法相信有人会真的关心你。

儿童经过捉迷藏游戏在治疗师的帮助以及自己的参与下，可以重新建构依恋的问题：1. 表达出伤痛；2. 了解相关的焦虑；3. 获得被需要及和所爱的人重聚的感觉。这个治疗方式可以引导出一个既信任亲密关系又相信自我力量的内心。

宝宝们的独白

父母 A：女儿不到 3 岁，最近两天发现她总是假设有个小妹妹在身旁，她不断用大人的语气训斥那个假想中的妹妹。不过你仔细听听，她好像自言自语说的都是大人平时批评她时所说的话，并且说起来没完，说的过程中不断变换着表情，能长达 20 分钟。这是病吗？

父母 B：细心的妈妈发现 3 岁的果果特别喜欢跟自己讲话。有时小果果会一个人躺在床上或坐在桌子边，小声地对自己说着什么。她的神情好像在给别人讲故事，又像是与怀里抱的玩具商量问题。妈妈不禁有些担心：宝宝不会是有心理问题吧？

解读：个人以为，每个父母在看到自家的宝宝开始自言自语时，都有理由为自己高兴。因为：宝宝能够思考和控制行为了。

仅仅把语言视为一种表达就太低估语言的作用了。

语言是一种工具，对人类而言非常重要非常犀利的工具，这工具不仅用来交际，更是用来思考形成思维。

所以，当宝宝自言自语时，是的，他在表达；但他更是在思考，并在思考中调节自己的行为。

因而我们可以看到宝宝的独白常常伴随着问题的解决及行为的控制。

"这块放这里？这里是烟囱。不行？放这里会倒的（指积木搭的楼房）。

"这朵花用什么颜色好呢？红的……还是黄色吧。"

游戏中，伴随着操作活动需要进行很多思维活动。儿童会思考自己要先做什么，再做什么，这本是一个无声思考的过程，但是儿童会把自己要做的一件件事情，像讲故事一样说出来。对于年幼的儿童而言，"说出来"有助于他们思维的条理性和知觉的清晰化。

也即是说，在心里想只是让他们察觉打算怎么做，伴随着"说出来"后他们知道自己"要"做什么和"能"做什么。

外部语言在这里起着整饬和决策的作用。所以，直到儿童早期的学龄期，针对自我的话语还能听得到，特别是儿童在面临一项较难的任务时，但是词语变得更简洁、更不容易听见，也更明显是指向自己。

其实，儿童自言自语的年龄段远比我们察觉的要长，只是随着年龄的增长，这一言语就从大声变成越来越难以听见的小声直到最后的无声言语。

两位心理学家的研究描述了这一过程。

仔细观察教室里独立做数学题的 6~7 岁的儿童，记录下来他们的喃喃自语和表达方式，分 3 方面进行：

☆是否包含与手中任务不相关的明显的言语；

☆明显的与任务相关的言语；

☆以听不见的喃喃声或唇动形式的与任务相关的言语。

连续 3 年保持观察记录。

结果是：儿童在学习时自我言语的整体概率非常高。

所以，有所担心的父母大可以舒口气了。

那么，这样的情形呢：

"我先给娃娃穿上衣服……然后洗脸刷牙……好，现在我们一起去散步吧……"

其实，儿童这样独白说明了什么呢？

主要是两点：1. 万物有灵论；2. 假扮游戏

在早教的实际教育教学中，教育者及教养者常有两个局限，（1）理论与实践脱节，不能有效地联系实际情况运用理论知识；（2）只能狭窄地一对一地看问题，而不能综合自己的已有知识。

比如，明明已经了解了 3～4 岁的孩子处在刻板性思维的阶段，尚不能进行逆向思维，可仍常常看到爸爸妈妈们为孩子知道 1＋2＝3 后却不知道 3－2＝1 而大为光火，觉得孩子实在是太笨太油盐不进了；明明知道 4～5 岁的孩子一来是前逻辑推理二来尚处在道德实在论阶段，却仍旧长篇大论地对犯错的孩子进行道德教育（理解那些道理需要一定的逻辑思维），并对孩子的"屡教不改"而痛心疾首……

如今，绝大多数人都接受了这样的理念："对牛弹琴"不是牛的错，而是弹琴的人分不清对象。但愿儿童的教养者们也能持有这样的观点。

当我们看到宝宝对着玩具或者家具或者什么也没有的空间喃喃自语时，我们实在忘了孩子的眼里"万物有灵"，他在和其他的生命体对话，然后又代替对方来解答，在他来看，这是个既认真又有趣的交流。

而儿童在假扮游戏中的能力更超乎成人的想象，这方面前面章节已有论述。

最后提醒父母 A 注意，虽然你们宝宝的表现是假扮游戏中"角色扮演"的一种，可从她表演的内容来看，父母要反思自己对宝宝的言行了。在这里，宝宝的言行是父母言行的再现，如果你们觉得那样是不美的，那么，先调整自己，从"我"做起，别在宝宝承袭了父母的不良行为后再去责怪宝宝。

儿童语言——这是薏米仁儿！

家里以前从没有吃过薏米，所以大家认为笨笨（两岁半）一定不会认识这些白乎乎的颗粒。这天妈妈心血来潮买了一些，所以晚上煮的小米粥里就有了薏米。

妈妈为了引起笨笨吃饭的兴趣，指着粥里的薏米说："快来看，粥里煮了好多白胖子！"

笨笨跑过来看了，撅着嘴摆手道："嗯？这不是白胖子！'麻屋子，红帐子，里面坐着白胖子'——白胖子是花生——这个不是白胖子！"

"……"妻子改口道，"哦，那就叫小胖子吧！"

"也不是小胖子！"笨笨反对。

"……那你给它起个名字吧！"妈妈想试试笨笨的想象力。

"这是薏米仁！"

"……"晕倒！

（注：以上引自生活中真实的父亲手记）

解读：就宝宝的语言发展而言，只要宝宝在一个正常的环境中，父母就不必去迁就他。

不过我这么说可不是为父母着想，而是为孩子着想，因为，往往父母善意的"迁就"换来的其实是孩子的"迁就"。

也即是说，如果父母不是试图去迁就孩子（大部分父母已经开始做了），孩子原本可以有更快、更好地发展。

有研究证明，当父母企图像语言教师一样教授孩子时，他们孩子的语言发展不是加快而是放慢了，父母越是想要干扰和指导孩子的自由表达方式，就越有可能阻碍孩子的进一步发展，并以失败告终。

儿童的模仿在单位词语学习中很有用处，但是不能解释语法结构的获得。没有证据表明儿童试图模仿成年人的句子；就像我们已经看到的，他们自己创造了自己的句子，并且按照符合他们特定发展阶段的方式去做。

语言的获得包括获取语音、语义、句法、语用 4 个方面的能力，并且每一个方面包含了许多不同的技能。这项任务很复杂，让人吃惊的是儿童们很快都具备了这些能力；到 5 岁的时候，几乎所有重要的语言能力都基本到位。

本案例中两岁半的笨笨就已在父母都不了解的情况下，正确地记忆和确认："这是薏米仁。"

所以，父母完全可以把孩子看做一个能够在很大程度上对语言无师自通的能工巧匠，而不是一个需要去俯就的弱者。

父母不必刻意指导幼儿语言还有两个重要原因：其一，学龄前幼儿正处于语言的敏感期，而父母已在敏感期以外，学习、吸收语言的能力与速度都是不同的；其二，科学研究发现，敏感期儿童学习语言的工作模式和成人是不一样的，所以，当成人以自己的模式去规范指导孩子时反而会和孩子的工作模式发生冲突，导致孩子处理语言任务的困难。

那么，是不是说父母们对儿童的语言发展就可以袖手旁观了呢？

当然不是，父母可以依照这样的方式去帮助孩子：

出生 ~2 个月

这时的婴儿会使用不同的哭声来告诉我们其需求，也会以不同的呼吸频率来表达其感觉，所以父母最重要的任务是观察记录他的声音，并做正确的回应，在回应时以适当的语言和他沟通。

比如孩子饿时，妈妈可以先说："哦，宝宝饿了！妈妈知道了，妈妈准备一下，就来喂你。"每一次都说同样的话，相信孩子在听到时，就会开始安静下来，学习等待。当然妈妈回应的速度也得考虑孩子的天生气质，有的反应较强，依然哭得很大声，很急促，妈妈相对的速度也得稍微加快一些，或说更多的语言，让婴儿从中感受到安全感，并学习改变气质。

2~3个月

在这个时期，婴儿获得改变声调的能力。婴儿很喜欢和教养者聊天，尽管他只能发出喃语声，但大人反馈他的声音能给他很大的肯定，激发他练习发音。

3~4个月

这个时期婴儿对母音很敏感，是发出清楚母音的时期，也会跟着模仿，而心情好的时候，会自发地、悄悄地自言自语。除此，孩子的视力已发展到可以看清楚照顾者的轮廓，所以，每天抽时间和他四目相对地聊天，或念一些押韵的儿歌给孩子听是非常重要的。

5~6个月

这时，幼儿可以发出"d－m－n"等音，所以有些敏感的父母听到孩子重复这些音时，认为是在叫"妈妈"，其实孩子也会因着父母如此的解释而肯定自己发音的能力，并且制造更多不同的声音。

这个时期成人可以从自己的母语中，找出叠音语，正确地念给孩子听。但要注意的是，不要把一种东西的名称或动作都以叠字呈现，如"穿鞋鞋、吃饭饭、戴帽帽、小狗狗"等，成人应使用正确的语言，如此孩子不必在长大后又得转换一次，也许因习惯改不了而显得幼稚。

孩子是使用另一套更有效的更自如的学习模式吸收语言，故此对他们来说，学习语言的任务并没有成人区别出的难易之分，再加上正值敏感期，所以正确是最重要的，而不是降低所谓的"难度"去迁就孩子。

7~8个月

此时，婴儿已经可以依大人的指令做出拍手、挥手、握手、再见等手势，有些口语智慧较强的孩子已经能用单字沟通。

这段时期最重要的是，当成人为婴儿做每一件事时，都应该用正确的语言说出来，比如帮孩子穿衣服时可以说："妈妈帮蓉蓉穿衣服了，先穿左手，再穿右手，接着帮蓉蓉扣纽扣，一个扣子，两个扣子，三个扣子，好，穿好了！"

每次穿有3个扣子的衣服时，妈妈都这么做，孩子就会把语言和动作串连在一起，并获得正确的左右手认知。或许你会觉得，这样一来妈妈不成为一个喋喋不休的母亲吗？其实这只是短暂的时期，既可增进亲子情感，又可促进孩子的口语发展，相信是值得努力去做的。

1 岁

孩子能用一个字或片语来表达许多不同的情况，或用不同的字表示相同的意思。比如孩子说："妈妈，走。"其中有"妈妈，离开这里""妈妈回家"或"妈妈，去散步"等不同的意思，需要依情况而定。再比如孩子说："妈妈，我要吃……"其实孩子想表达的意思是："妈妈，我要吃面包。"这时妈妈可以回应："蓉蓉要吃苹果。"如此以后，孩子就会很清楚地说："蓉蓉要吃苹果。"

因此，妈妈适当地解码，以完整的语句说出，并蹲下来让孩子看到说话的嘴形，是帮助这个时期幼儿语言发展很重要的态度。

1 岁半~2 岁

这是幼儿学习名词的关键期，幼儿将感受到万物皆有名，而且常常会指着周遭的事物问："这是什么?"在幼儿的世界里，没有所谓难与易之分，虽然有些名词在发音或字数上会让成人觉得较难，但只要一再为幼儿重复，他将记在脑海中，当幼儿的发音器官发展完毕后，孩子会像连珠炮一般说个不停呢！

2~3 岁

孩子两岁以后进入了"语言爆发期"，不但会自言自语，也特别会模仿成人说话，就如同模仿人说话的鹦鹉般。

两岁半以后，孩子的生活经验丰富了，友伴关系也随着形成，会使用主文和从属文的句子，也有我的概念，动词、形容词的使用愈来愈正确，更能叙述不在眼前的事物。父母可以收集孩子的照片或剪下一些孩子有兴趣的图案做成小书，是引导孩子进入阅读最佳的材料。当然字数不要多，语句的设计要简单、扼要、有趣。

儿童记忆——分享胜于独享

为了进一步了解语言在记忆的发展史上扮演着怎样一个重要的角色，不少学者展开了一系列的研究。

其中两名学者的研究：母亲与 4 岁的孩子在参观博物馆后的对话中，他们发现，儿童记住的那些由母亲和孩子共同讨论的部分，远多于那些单纯由母亲所讲述的，或者儿童所讲述的，以及那些没有被提及的部分。

这一结论恰巧也由另一组学者的研究证实。他们记录母亲和儿童在特别活动之后的行为，这些活动包括赏鸟活动和冰淇淋店的开幕等。相同地，他们共同讨论的部分被儿童所记忆。

解读：在几乎所有的研究中，似乎都证明了：语言是一种最适合在记忆中表现经验的工具。语言可以以一种有意义的方式来组织经验，也可以帮助儿童以一种一致性的方式来储存信息以更有利于被提取。正如早先维果斯基所言，记忆这种认知技能起源于儿童与父母的社会互动，即是说，记忆开始是通过与父母共同参与的描述所建立的，并且是由于成人支持儿童对以往事件的描述所产生的。

语言互动具有特别的效果，比如，母亲说某个事物的名称之后，儿童予以重复，然后再做出解释。当与非语言互动（如父母与儿童共同操作一件物品）做比较时，语言互动的内容更容易被儿童所记忆，并且，儿童也更容易使用这些记忆。

显然，分享比独享更重要，也更有意义。

而当父母与孩子一起分享共同经历的时候，儿童的记忆又岂止是更牢固更清晰，还更美好。谁知道呢，也许分享带来的记忆成果本身就蕴藏着情感的力量。

儿童的秩序感——不爱新衣爱旧衣

小哲是个 1 岁 4 个月的男孩，继续了美女妈妈的优点，被大家赞为"贾宝玉"，当然，他还不懂得为此骄傲。某天，妈妈一位朋友来探望小哲，并送了一套童装。小哲妈妈一来为表谢意，二来也的确很喜欢那套童装，便欲让小哲试穿新衣。哪知道这臭小子一点儿不领情，俩小手紧揪着自己身上的衣服不让脱。妈妈觉得奇怪，心想，哪有孩子不爱漂亮衣服的呢？便一边哄劝着孩子一边继续给小哲换衣服，结果小哲大声地哭个不停，坚持抗议妈妈的行为。

解读：哪有不喜欢漂亮衣服的孩子呢？这是妈妈的想法。

有没有想过，也许孩子的确是喜欢那套衣服的，如果妈妈洗过澡以后给他换上，或者第二天早上给他换上，孩子说不定会非常乐意呢。

那么，为什么当时孩子不让换衣？难道说小哲的第一叛逆期提前到来了？哦，这是小哲妈妈的疑问。

其实，小哲的表现源自于这个年龄段孩子对秩序感的要求。

"秩序感"是孩子在一定时期内，内在的一种基本需求。这期间的孩子对事物的顺序、物品摆设的位置、人物的呈现，都有一种令人匪夷所思的执著。但孩子的秩序感与成人的又有所不同，孩子的秩序感具有刻板性，会根据自己的经验认为秩序是不可更改的，过去形成的记忆模式是这样，现在也必须是这样。如果他的玩具换了地方，座位被别人占了，自己的小床睡了其他小朋友，就可能感到不安，性子较急的宝贝会出现大哭大叫的情绪反应。

对于小哲来说，以往的生活规律告诉他，只有在睡觉前和洗澡时妈妈才会让他脱衣服，所以，当妈妈想让他试穿衣服时，其实小哲并不清楚妈妈的意图，他只是觉得混乱，分明不是要睡觉和洗澡的时间和情景呀？为什么要脱他的衣服呀，这到底是干什么呀？孩子慌了，所以，拼命地抵制和哭闹来表示自己的不理解和不接受。

当父母觉得孩子的反应"不可理喻"时，并不了解秩序感对孩子而言具有重要意义。秩序感是幼儿安全感的来源之一，是幼儿对事物做出准确分辨与判断的基础，幼儿透过这个需求去认识自我，以及自我与环境之间的关系。

当生活井然有序时，环境对幼儿而言便是熟悉的，有规律、可控制的，孩子可以去统合在他周围的环境，使他在环境中行动时，心里觉得踏实，有把握，不致张惶迷失；当秩序被打乱，生活便让幼儿感觉无章可循，失去控制，于是，幼儿产生恐慌和焦虑。

一般在 3 岁前，幼儿会一遍遍重复原有秩序，不断巩固安全感与稳定感，直到他们把握了这个秩序的恒定，内化了守恒概念，知道在一定范围、一定程度的变更与发挥并不会导致结果的改变。于是，幼儿对秩序感的要求便不再那么刻板，而变得越来越灵活，直至建立内在的秩序。这个过渡阶段非常重要，只有顺利地度过，孩子的心智才能进一步发展。

从某种意义上来说，秩序感对于儿童，犹如一个置身荒漠的旅行者所依赖的指南针。

父母应耐心维护孩子的秩序感，并通过孩子对秩序感的要求，养成他们良好的行为习惯。

1. 理解并尊重幼儿秩序感敏感期的特殊要求，尽量满足孩子对事物固定秩序与完美无缺的追求。在这个时期，不强求孩子分享自己的物品，保护孩子的物权意识。

2. 有规律地安排孩子的生活。固定时间吃饭、外出、洗漱、讲故事、玩耍、睡觉。规律的生活给孩子安全感，有助于他们遵守规则。

3. 当孩子的秩序感被破坏而哭闹时，要平静地陪伴他、倾听他，然后，协助孩子找到解决问题的办法。

其实，如果父母能开动脑筋，将计就计，也可以在不破坏孩子秩序感的同时让孩子愿意听从。比如本案例，小哲的妈妈可以拿套自己的衣服出来，和小哲的新衣并列放在一起。先对小哲说："妈妈的衣服脏了，需要洗一洗，妈妈换套衣服穿。"然后脱衣、换衣。接下来，再对小哲说："小哲的衣服也脏了，需要洗一洗，小哲换套衣服穿。"这时再让孩子换衣，孩子就明白父母的意图了，知道这次换衣服与睡觉和洗澡无关，便很可能愿意跟随着妈妈的动作换衣服了。

总之，父母要努力去理解孩子的心意，仅仅做一个有爱心的父母对儿童来说是不够的，还要做一个有慧根的父母，对孩子的行为知其然，更知其所以然，如此才能和儿童一起度过他们快乐的童年。

儿童的重复行为
——百看不厌、百听不厌

父母A：我家辰辰1岁半了，特别活泼聪明，学什么都快，可是有一点让我们不明白——以前朋友送的一套《猫和老鼠》的碟片，每一张都看了好多遍了，可这孩子还是热情不减地爱看它，因为剧情太熟悉了，往往看着前面就知道下面的情节了，我们本以为这会很没趣，不料辰辰却百看不厌，且每次都笑得那么开怀。我们有点犯愁了，这种情况是该继续给他看还是换其他内容？

父母B：男孩大了，爸爸的陪伴要增加，我每晚给冲冲讲故事，猜谜语。小家伙倒是很喜欢玩猜谜的，有些谜语其实以前都告诉过他答案，他还会问。有时我太累，就随便说个答案，他就扬扬得意地纠正我，告诉我答案。明天又来问同一个问题。这孩子是傻还是有强迫症啊?!

解读：当年电视连续剧《渴望》放映时，一时出现万人空巷的盛况，剧中歌曲更经久不衰地被一再传唱，只是其中的一首《每一次》却并没火起来，但它却是我最心爱的歌曲之一，其中的歌词更令我印象深刻：

每一个发现都出乎意料，

每一个足迹都令人骄傲，

每一次微笑都是新感觉，

每一次流泪也都是头一遭。

当年幼的宝宝们一次次重复地看、听、说、做相同的内容时，在大人眼里他们只是一再地进行重复行为，可对他们而言决不是一次次原样的复制，而是每一次都不同。正如以上歌词："每一个发现都出乎意料，每一个足迹都令人骄傲……"

重复行为对儿童来说有着丰富的意义，最主要是以下两方面：

一、重复是为了巩固及更新知识

儿童喜欢重复，因为那是他们学习的最好方式。反复听同样的内容能帮助他们记住这些信息越来越长的时间。相对于 2 岁半的孩子，12 ~ 18 个月的宝宝尤其需要靠重复来巩固上次的经历，同时学习和记忆新的发现。

所以，一旦幼小的孩子学会了某些东西，他就愿意重复，因为他能预见到下面的内容。在听过同一本书很多次之后，你的孩子可能甚至都能够记得大多数句子的结尾是什么了，这种能力意味着他能更积极地参与到讲故事时间了。简单的歌曲和童谣之所以对宝宝有这么大的影响，是因为孩子不仅可以通过不停地重复歌曲练习说话技能和词汇量，而且还会因为又学了一些具体的东西而非常有新鲜感与满足感。

二、重复是为了确认及享受自己的能力

当孩子对自己掌握的信息与技能感觉越来越熟练越来越自如时，对内

心感觉及自我能力的确信使孩子非常享受，比如一旦他学会拼一种拼图，能够以更快的速度更短的时间更有效地组合去完成拼图，那么，孩子可能就只是为了享受及拓展他的新本领而一遍又一遍地去拼。重复是孩子提醒自己能做什么，也是他们告诉自己能够做得更好的方式，于是，孩子非常享受每一次去完成任务的乐趣。

爸爸妈妈不妨充分利用宝宝喜欢重复的特性，结合宝宝对秩序感的要求，来缓和睡觉、吃饭和其他过渡期等宝宝常常会产生的不愿配合的抵触心理。因为宝宝如果能预期接下来会发生什么时，会更有控制感，因此也会觉得更加安全和舒服。遵循一套严格的程序能够让事情进展得更为顺利。比如，如果你每天晚上都按照同样的顺序重复一系列事情，比如吃晚饭、洗澡、刷牙、讲故事、上床睡觉，那你的孩子就会轻松地按照这套程序做，甚至可能主动要求这样做。当爸爸妈妈面带微笑地问宝宝："接下来我们还有什么节目？"你可能得到宝宝雀跃的回答："下面的节目是洗澡啦！"

儿童的社会化——"两面派"

3岁多的悦悦入园将近半年了，近来，悦悦的妈妈对入园后变得"两面派"的女儿不禁有些担忧。悦悦在幼儿园里乖巧温顺，回到家里却依旧是任性的"刁蛮公主"。每天下午去接她回家时，老师都夸她听话、懂事、自己的事自己做，还抢着帮老师做事，可是回家后连洗手都不肯自己洗。相比之下，悦悦妈开始担心了：这么小的孩子就知道"两面派"，长大了怎么办？是不是这孩子很世故？又或者是自己教育方法不对，所以孩子一回家就不听话了。

解读：当孩子开始出现"两面派"的行为时，它告诉我们：宝宝已经踏入社会化的进程啦，并且，他还发展得不错呢。

所谓社会化就是由自然人到社会人的转变过程，每个人必须经过社会化才能使外在于自己的社会行为规范、准则内化为自己的行为标准，这是社会交往的基础，并且社会化是人类特有的行为，是只有在人类社会中才能实现的。

所以，宝宝的两面派其实正是他适应社会、适应外部环境的结果。

在幼儿园，儿童从经验中总结出什么样的言行举止才是老师及同伴喜欢的，才是受人欢迎和尊重的。所以，为了讨人喜欢，更为了儿童自尊的需要，儿童开始发展出符合环境所期待的行为，自觉自愿地扮演社会所期望的角色，比如"好孩子""模范宝宝""小班长"等。这些角色，很大部分是出自成人对其行为的一种期望。可见，社会化有自我完善的过程和功能。通过内化他人的态度，来认识"自我"，并按其他人的一般期待来调整自己的行为过程，就是社会化过程。良好的社会化对人有着推动、调节和控制的功能，有助于利他行为的产生，案例中悦悦在园的表现就是如此。

但家庭环境这样个体化的环境里，家庭的亲情就确立了他的特殊地位，当宝宝回到家，到了一个安全、熟悉的环境，知道父母对自己的爱是无底线的，宝宝的角色是所有大人的心肝宝贝，他们没必要再压抑自己的本性，甚至要通过一些"不听话"的行为发泄与释放，于是表现得与在幼儿园截然相反，家人越宠溺，这种与幼儿园的角色期望相反的"真我"面貌就会表现得越淋漓尽致。

因此，宝宝"两面派"是很自然的事情。宝宝也具有多面性，会根据不同的环境和情况，有意或者无意地表现出个性的一面或几面。

虽然"两面派"是宝宝心理发展中的正常现象，但并不意味着这就是适宜的、良好的表现，事实上，它同时也向家长发出警示：如果宝宝的多面性表现得过强，长此以往本能的反应会转变成一种自然的习惯，甚至导致孩子成年后真正的"双重人格"和真正的"两面派"的形成，那样就要追悔莫及了。那么，爸爸妈妈们应该如何应对呢？

首先，拒绝溺爱

无原则的"溺爱"是造就"两面派"的根本原因。可别小看了宝宝的观察力，他们天生会"看人下菜碟"。在幼儿园的集体生活中，你若霸道、任性或是表现出其他不良行为，就不会受到欢迎，也得不到大家的认可，所以宝宝会主动约束自己。在家里就不同了，若家人为了取悦孩子，什么事都包办代替，并总是无原则地退让，宝宝即使在幼儿园里表现得再乖，在家里还是会任性妄为。

其次，树立权威

老师在宝宝心目中是权威的象征，开始有荣辱感的宝宝都非常期待老师的认可。聪明的爸爸妈妈们也要注意在宝宝心目中树立权威。面对原则问题，要和老师一样说一不二。另外，有时也可利用老师的权威"狐假虎威"，通过老师的话来约束宝宝在家里的行为。

再次，家园沟通，要求一致

良好习惯的养成需要不断的强化巩固，家园要求不统一，很容易导致"两面派"现象的发生。因此，要加强与幼儿园沟通，按照幼儿园的标准和规范在家里要求宝宝，使他感觉幼儿园和家里虽然有差别，但还是一回事。正确的在两处都正确，错误的在两处都错误，只有这样，孩子才不会为了适应不同的要求而表现出"两面性"。

最后，注意赏识

每个孩子都需要通过成人不断的肯定或否定来确定自己言行的对错，幼儿园的老师会通过赏识教育提醒孩子怎么做是对的，怎么做是不对的，而父母们可能会觉得宝宝做对了是应该的，不表扬，做错了是因为还小，也不批评，长此以往宝宝自然会家园两样了。

因此，聪明的爸爸妈妈要注意，对宝宝的点滴进步应及时地给予肯定与鼓励。

儿童的敏感期——机不可失

伊拉克《笛子报》1978 年第 339 期报道：

一批医生和心理学教授正前往肯尼亚首都内罗毕，去研究一个曾在猴群中生活过的男孩。这个男孩是 4 年前布隆迪的一些村民发现的，发现时，他全身赤裸，身体大部分长着毛，用四肢爬行、跳跃。村民们经过一段紧张的追赶，才把他抓住。他先被送到一家精神病医院，现在住在肯尼亚的一家医院里。人们给他起了个名字叫"约翰"。已确定他现年 8 岁，是在森林中与家人失散或是家里人全部遭难后独自留下的。猴子们见到他很高兴，把他当自己的孩子来抚养，并保护他免受其他动物的伤害。

在被发现后的一段时间内，他学习了两脚行走，由于回到人类中生活，性情也变得温顺了。但是，他至今还不会说话。起初他只吃香蕉，慢慢地他已习惯吃人们所吃的各种食物。

解读：由于报道中的"约翰"是并非出生后不久就与猴同居，而是幼时与家人失散或罹难后才流落于猴群的，相比印度狼孩，约翰的回归之路显然要顺畅一些。但是，即便如此，8 岁的他却仍然不会说话。因为，他错过了语言发展的敏感期。

科学研究一再证实新生儿面世时就天生异禀，但这并不说明这些异禀都会如期地发挥作用。总的来说，儿童潜力的发挥分两个阶段，一为 0～3 岁，二为 3～6 岁。

0～3 岁是一个需要后天的环境对儿童的天生异禀——进行确认和肯定的阶段。这很像旧式电脑的开机检测，检测到的配件就能正常使用，检测不到的就视为无效。

3~6岁是一个对儿童各项能力进行开发的阶段，有效的开发可以将儿童的潜能发挥得更多更好。而耽搁及错误的开发却给儿童带来不利影响甚至是伤害。

（并非错过了敏感期某种能力就得不到发展，而是无法达到原有水平的发展，就如在成年期学外语与在敏感期学外语有着非常明显的差距）

此处引用蒙台梭利的理论：

语言敏感期（0~6岁）

婴儿开始注视大人说话的嘴型，并发出牙牙学语声时，就开始了他的语言敏感期。语言能力影响孩子的表达能力，因此，父母应经常和孩子说话、讲故事，或多用"反问"的方式，加强孩子的表达能力，为日后的人际关系奠定良好基础。

书写敏感期（3.5~4.5岁）、阅读敏感期（4.5~5.5岁）

孩子的书写能力与阅读能力虽然较迟，但如果孩子在语言、感官、肢体动作等敏感期内，得到了充分的学习，其书写、阅读能力就会自然产生。此时，父母可多选择读物，布置一个充满书香的居家环境，使孩子养成爱读书的好习惯。

秩序敏感期（0~3岁）

孩子需要一个有秩序的环境来帮助他认识事物、熟悉环境，一旦他所熟悉的环境消失，就会令他无所适从。幼儿的秩序敏感力常表现在对顺序性、生活习惯、所有物的要求上，如果成人没能提供一个有序的环境，孩子便"没有一个基础以建立起对各种关系的知觉"。当孩子从环境里逐步建立起内在秩序时，智能也因而逐步建构。

感官敏感期（0~6岁）

孩子从出生起，就会借着听觉、视觉、味觉、触觉等感官来熟悉环境、了解事物。3岁前，孩子透过潜意识的"吸收性心智"吸收周围事物；3~6岁则更能具体地透过感官分析、判断环境里的事物。在生活中随机引导孩子运用五官，感受周围事物。尤其当孩子充满探索欲望时，只要是不具有危险性或不侵犯他人他物时，应尽可能满足孩子的需求。

对细微事物感兴趣的敏感期（1.5~4岁）

忙碌的大人常会忽略周围环境中的微小事物，但是孩子却常能捕捉到个中的奥秘。因此，如果孩子对泥土里的小昆虫或衣服上的细小图案产生兴趣，正是培养孩子细心、认真的好时机。

动作敏感期（大肌肉1~2岁小肌肉1.5~3岁）

两岁的孩子已经会走路，最是活泼好动的时期，父母应充分让孩子运动，使其肢体动作正确、熟练，并帮助左、右脑均衡开发。除了大肌肉的训练外，小肌肉的练习也同时进行，即手眼协调的细微动作的训练，不仅能养成良好的生活习惯，也能帮助智力的发展。

社会规范敏感期（2.5~6岁）

两岁半的孩子逐渐脱离以自我为中心，而对结交朋友、群体活动有兴趣。这时，父母应与孩子建立明确的生活规范，日常礼仪，使其日后能遵守社会规范，拥有自律的生活。

文化敏感期（6~9岁）

幼儿对文化学习的兴趣，起于3岁；而到了6~9岁则出现想探究事物奥秘的强烈需求。因此，这时期"孩子的心智就像一块肥沃的土地，准备接受大量的文化播种"。成人可在此时提供丰富的文化资讯，以本土文化为基础，延展至关怀世界的大胸怀。

蒙台梭利形容"经历敏感期的小孩，其无助身体正受到一种神圣命令的指挥，其小小心灵也受到鼓舞"。敏感期不仅是幼儿学习的关键期，也影响其心灵、人格的发展。因此，成人应尊重自然赋予儿童的行为与动作，并提供必要的帮助，以免错失一生仅有一次的特别生命力。

第六章

在家来点儿蒙台梭利吧!

父母们总不易为朴素的教育理念所动,而是被一些华丽的、甚至是光怪陆离的言辞或特例所吸引。当父母们聚到一起时,总是会提到孩子令自己觉得骄傲的能力。有的父母展示孩子会背多少唐诗了,有的父母自豪孩子会写多少汉字了,或者,能说多少外语了;还有,孩子能一口气数到多少了……

序　言

XU YAN

　　教育之"根"无疑是早教了。然而，蒙台梭利（因对早期教育的卓越贡献于 1949、1950、1951 年连续 3 年获"诺贝尔和平奖"候选人资格）曾告诉大家一个很有趣的对比实验，这项实验是当时著名的李文教授所拍摄的一个研究正常与智障孩子的录像：有两组孩子分别进入教室后，其中一组孩子一进入教室，就很兴奋地把玩材料，拿这个看看，又拿那个玩玩。另外一组孩子进入教室后却表现得非常谨慎，慢慢地看，做深思熟虑的选择。选择之后先研究看看适合不适合他，如果不适合他，又把它放回去，然后再找另外一个来试试。

　　到底哪组孩子是正常的，哪组孩子是不正常的？

　　很多人都会觉得很兴奋的孩子是正常的，可是答案却是：深思熟虑的那一组孩子才是正常的。

　　蒙台梭利做如此的总结：一个会深思熟虑的孩子，才是正常的孩子，他们的行动非常谨慎，会在接触一样东西之前先试探到底可不可行，接触它之后会怎么样，甚至拿起来检查一下，当他选择之后会进入到学习的状况里面。可是智障的孩子会直接被物品外在的形象所吸引，有一股冲动想要先去把这个东西拿过来，也没有去想过到底是要怎样发现它，而是先拿来再说。

　　这段话激起我的第一个反应是：莫非如今我们的孩子都接近智障？因为如果让我们的孩子进入一个新教室的话，他们大都也是兴奋地把玩材料，而不会做谨慎的选择，呈"深思熟虑"状。

　　第二个反应是：如果实验对象换成我们的家长会如何？会不会也是"直接被物品外在的形象所吸引，有一股冲动想要先去把这个东西拿过来，也没有去想过到底是要怎样发现它，而是先拿来再说"？

无须讳言，在选择如何对孩子进行早教这方面，很多家长的直接表现类似如此。

父母们总不易为朴素的教育理念所动，而是被一些华丽的、甚至是光怪陆离的言辞或特例所吸引。当父母们聚到一起时，总是会提到孩子令自己觉得骄傲的能力。有的父母展示孩子会背多少唐诗了，有的父母自豪孩子会写多少汉字了，或者，能说多少外语了；还有，孩子能一口气数到多少了……

然而儿童的这些能力相对于他们自身的发展而言，观赏价值远超实用价值。早期教育的根本便是如今已为越来越多的人们所关注的"养成教育"。

所谓养成教育是指"教育者采用多种教育方法，引导受教育者认识、体验和实践基本规范，全面培养和提高人的'知、情、意、行'，最终使受教育者形成良好的行为习惯的教育"。简单明了地说，所谓"养成"，"养"是"培养"，"成"是"形成"，最重要、最关键的中心意义便是指：培养——形成。

所以，养成教育对父母来说即是：以"多种多样"的方法对孩子在"各方面"进行教育与培养，让孩子通过"认知""体验"和"实践"等过程，使得"认知""情感""意志""行为"都得到提高，直至形成"良好"的行为习惯。

这里有两点需要说明：

一、养成教育是指在孩子还没有形成相应的不良行为习惯之前进行的教育。当孩子已出现不良行为再去修正与改善，便是"矫治教育"而非"养成教育"。可见，养成教育是类似"初次成型"的教育。

二、基本的养成教育应该在孩子五六岁前完成，正如前苏联教育家马卡连柯所说："儿童将成为怎样的一个人，主要决定于你们在他 5 岁之前把他造成一种什么样子。假如你们在 5 岁以前没有按照需要的那样去教育，那么，以后就得去进行'再教育'。"

（所谓"再教育"也即是"矫治教育"）

基于我国的现状，养成教育其实具有双重的意义。一方面是针对孩子的，另一方面也是针对父母的，既是对孩子的养成教育，也是对父母的养成教育。因为，若想成为"称职"的家长，需要父母踏实的作风、持久的耐心、具体细致的知识，以及不吝"蹲下身来"的谦逊，还要求父母具有善于观察的眼睛、乐于倾听的耳朵、擅长沟通的嘴巴、巧于操作的双手，以及融汇贯通的大脑、宽容接纳的胸怀和温柔敏感的心灵，这可能超出了某些父母自身现有的能力。

别担心，就如初为孩童的幼儿能够"养成"良好的行为习惯一样，初为父母所缺乏的一些素质也是父母们可以通过学习和实践来"养成"的。

这个过程最初可能是艰难的，但请相信，超越最初的困难后，相伴着儿童一起成长便成为生命中带给你新奇与希望、探索与创造的快乐时光，甚至，有些时刻，你体验到感动与幸福。

而这些，为人父母者一定有更美好、更深邃的体验。

基于日常生活，能够运用于家庭的，科学、系统、完整的养成教育首推蒙台梭利的"日常生活练习"，其他种种，无出其右。

日常生活练习所从事的都是生活中最简单、最普遍的活动，正因为如此，它也是最丰富、最重要的部分。尽管这些教育活动均来源于日常生活中简单易行的工作，但却能在有预备的环境中，培养孩子的独立、自信与专注，发展他们的协调能力、社交能力以及逻辑思维能力。

父母要尽量自行设计一些日常工作来丰富孩子的家庭生活，例如，穿珠子的工作、编织的工作等。在保证安全的前提下，随机设计一些工作来做。

进行日常生活教育时，父母要特别注意细小动作的演示，从一开始就培养孩子拥有良好的生活工作习惯，不断地支持、鼓励他们多加练习，并适当地给予指导，以爱心与耐心来辅助他们成长，真正地做到使孩子"由自信产生能力，再由能力创造更强的自信"，并从中享受生活、感受乐趣。

我们有幸可以直接享用前辈的智力成果。那么，就让我们从这开始吧。

第一节　蒙台梭利日常生活练习

一、日常生活练习的含义

日常生活练习是指在一国社会及文化传统的环境下，按照人类成长的自然规律，帮助幼儿习得大、小肌肉的动作与社会文明礼貌等生活技能、样式和程序，使幼儿反复不断地自发学习，并以此作为一个社会的完整人格形成的必要过程。

二、日常生活练习的重要性

日常生活练习在生命成长中的目的是在于训练感官能力和肌肉活动两者之间的协调。因为对幼儿来说，动作的平衡会促进智能上的发展，而且手眼协调能力也会为他们将来的写字、图画能力，做好"预备"的工作，比如说想要写字，就需要使手部的小肌肉发育起来，而在蒙氏的日常生活教育中，就有许多小肌肉的练习。经过反复练习，时间久了，可以发达到有握笔描画的力量。

"儿童的智慧在指尖上。"蒙台梭利之所以提出要对儿童进行日常生活练习是因为她发现：儿童的玩耍与大人的工作不同，儿童往往喜欢重复而且可以长时间地将注意力集中于某件物品或者事情上，如打扫卫生、清洁物品等，因此蒙台梭利提出了要对儿童进行日常生活教育，以便让儿童更好地适应生活、照顾自己、照顾环境。

文明礼貌的学习和习惯的养成更是依赖各国家与民族文化历史的传统

与背景教育；幼儿的语言与日常生活训练的关系更是犹如鱼和水的关系，脱离生活实际与实物的语言，对幼儿而言，将是抽象与不可理解的空洞声音和词汇，因此，幼儿需要在丰富的日常生活练习中形成对各种事物的概念。幼儿的日常生活练习绝非孤立于其他领域，相反要密切融合其他领域的练习，重视相关学科的综合价值。

三、日常生活练习的主要内容

基本动作

所谓基本动作练习，即让孩子练习日常生活中的基本运动，它是照顾自己、照顾环境、社交礼仪的基础，它主要包括：走线、走（步行）、坐姿、站姿、拿、搬、放、拧、倒、折、剪、切、贴、缝、编、捏、夹、转、擦、撕、打、敲、卷、削、拉、揉，其他。

照顾自己

是指为提高孩子的生活自理能力以适应现实生活而设置，主要包括：携带物品的整理、东西洒落时的处理、照镜子、梳头发、擤鼻涕、穿衣、脱衣、叠衣服、穿鞋、脱鞋、洗脸、洗手、衣饰框、洗手帕、喝水、吃饭、刷牙、剪指甲、擦汗、洗脚、洗澡、整理书包、入厕、叠被子、擦鞋子、擦嘴巴，其他。

照顾环境

是指以人类以外的其他生物、无生命的物体为对象，让孩子学习美化、打扫、整理环境的方法，并掌握照顾、饲养、管理动植物的相关技巧。

（1）清理、整理工作：工作用的地毯的准备及整理鞋子、衣服、书包、教具、图书、玩具、桌子、椅子、床铺等。

（2）擦洗：桌子、椅子、窗户、托盘、教具、杯子，以及洒水时用抹布擦等。

（3）庭院工作：捡拾落叶、垃圾、拔草、松土、剪枝等。

（4）照顾动植物：浇花、晒太阳、施肥、喂金鱼、给金鱼换水等。

（5）用餐：清洗餐具、水果削皮等。

社交礼仪

社交礼仪作为一种文化，是人们在社会生活中处理人际关系，用来对他人表达友谊和好感的符号。社交礼仪主要分为：

（1）谈话礼仪：打招呼、道别、邀请、感谢、道歉、欢迎、应答、慰问病人、打电话、问路等。

（2）动作礼仪：开门、关门、敲门、与他人接触、递交物品、咳嗽、打喷嚏、打哈欠、倒茶、入席等。

四、日常生活练习的目的

第一，通过日常生活练习，使幼儿学会自我管理、自我控制、自我保护，自然地建构独立自主的内心需要、自信心和相应的技能，为今后可持续发展以及学会生存打下基础。

第二，通过各种运动、生活技能的练习、文明礼貌行为习惯的养成，以及对周围人、事、自然的照顾与服务中，养成爱心与责任意识，为建构幼儿完整而优良的人格奠定基础。

五、日常生活练习的现实意义

由于我国实施计划生育这项基本国策，现代家庭结构发生了根本性的变化。大比例的隔代教养已使许多"独二代"孩子或多或少地表现出"溺爱综合征"症状。父母接过接力棒后，依然习惯性地为孩子操持一切，甚至把做力所能及的家务都看成潜在的危险。由于没有独立的实践机会，独生子女越来越依赖父母，最终的结果是习得生活能力的机会被剥夺，缺乏自信心，独立生存能力差、经受不了挫折和失败。这也是学习与实践蒙氏日常生活练习，指导家长科学地认识儿童、对待儿童和正确教育儿童的现实意义。

第二节 日常生活练习教具的操作

一、日常生活练习教具操作原则

☆每次只演示一种教具，目的性明确。

☆精确动作，按照孩子的节奏进行，要缓慢。

☆简化动作，使孩子能够看明白。

☆拆分动作，做到步骤化和有序化。

☆操作时尽量少讲话，语言要简练、准确。

☆按照从易到难、从具体到抽象、从上到下、从左到右的顺序进行。

☆避免镜面教学，父母要坐在惯用手的右边。

☆时刻观察孩子的动作与反应，观察孩子的兴趣点。

☆适时地引入教具操作，当孩子能够独立操作时要离开并继续进行观察，孩子需要时马上给予帮助。

☆不能打断孩子的操作。

☆在操作之前，应确保教具准备的完整。

☆努力排除让孩子走神的因素。

☆操作教具时不应超出工作毯的范围，确保工作毯的防水性，颜色不能太花哨，尽量用纯色的。

☆鼓励孩子重复进行操作，说："你做得很好，再来一次吧。"

☆随时做好操作记录。

☆不应指责孩子的错误，可以说："请停一下，再看妈妈（爸爸）操作一次好吗?"

二、家庭自制教具的原则

1. 注意色彩的搭配，吸引幼儿的注意力。
2. 功能性明确，直接目的和间接目的明确。
3. 注意教具的尺寸，易于取放及携带。
4. 确保教具的完整性。
5. 注意错误控制。
6. 确保安全，材质健康、环保、无毒。
7. 实用性。
8. 真实性。
9. 操作顺序合理。
10. 是否可以循环使用。
11. 考虑礼仪。
12. 是否易于清洗或者整理。

三、日常生活练习教具设计注意事项

1. 必须是日常生活中常用的。
2. 目的明确，发展孩子现实生活中必不可少的生活技能。
3. 能够使儿童得到发展。
4. 男孩、女孩都能接受。
5. 从时间、空间、经济上都能达到要求。

第三节　日常生活练习家长必备

一、日常生活练习家长应做的准备

1. 怀着"尊重与体谅的心情"与儿童接触。而且要使儿童感到他受家长重视。

在儿童有话要说时家长要侧耳倾听，需留意的是：弯下身或坐下来，与他保持同样的高度，而且眼睛还要和蔼地注视他。这样，他会与你无话不谈。

2. 儿童的变化很快，要建立有弹性的亲子关系。

儿童以令人惊讶的速度发育与变化，儿童的要求也跟着有所变化。因而约定或规矩必须随之加以修改。儿童期望着有弹性的亲子关系。

3. 让儿童自小就过着有规律的自由生活。

在共同生活时，大家必须遵守一定的规则。与儿童一起制订两三条简单的规则加以约束，在此之下自由地活动。

4. 要注意到儿童的时间感觉比成人缓慢。

儿童的一年与成人的一年相比甚为漫长。"要睡多少天，才会到过年？"即便是10日、20日儿童也似乎感到十分漫长。与儿童一起工作，要尽力放慢动作，决不可催促。吩咐事情如果提前交待好，儿童会以自己的速度行事。因此，要事先提供儿童以他的速度做事的时间。每天抽出一段时间与儿童一同从事某些愉快的活动，过着悠闲的时间，这对于儿童的教育有难以估量的效果。

5. 尽量与孩子一起从事实际生活的工作。

家长与孩子最好一起从事儿童所能承担的家庭实际生活的工作。如果儿童在"意愿"而且实际上做得到，最好放手让他去做。衣服的穿脱、用餐、扫除、洒水、整理等，这些实际生活中的工作对儿童来说是充满乐趣的。因此，儿童会兴致盎然地去做。在儿童发生错误时，家长要注意纠正错误的方法，多采取感谢、喜悦、礼貌、称赞、鼓励的态度，对家务事的分派最好以建议的方式而不是以命令的方式进行。

6. 要尽量给孩子选择的自由。

要将儿童视为一个人、一个人格而加以尊重。在日常生活中，要使他对事物能发挥判断、选择的能力。例如：问一下喜欢香草冰淇淋还是巧克力冰淇淋？有时候则问要穿红衣服还是蓝衣服？想上山还是去沿河公园等？

7. 尽量提供给儿童成功的机会。

在日常生活中，要尽可能地提供儿童成功的机会，使儿童体验成功的喜悦，确立自信，并丰富其自发性。

8. 尽可能地以肯定的态度对待孩子。

即使不直接地训斥，如果家长使用"不好""还不行""真笨"等否定的语气也还是容易导致儿童意志消沉，觉得自己"真无能""真没用"，家长要尽力采取肯定、赞扬、鼓励的态度，唤起儿童跃跃欲试的意念。

9. 父母亲要多与孩子谈话，并以正确的语言交谈。

与孩子谈话一定要使用正确的语言，以提高意志表现的能力。儿童将不断地学习新的语言，增长表达自己的思想与情绪的能力。托付儿童某种事情时，要把"把那个东西拿过来"的说法改为"请把桌子左边的红杯子拿来给我"，清晰具体地表达物品的名称及所在地点。

10. 提供儿童使用真实的东西。

儿童喜欢使用与成人物品相同的实物，在日常生活中要尽量提供机会让儿童使用与其体格相当且品质优良、美观的实物。

11. 家长是孩子的榜样。

儿童以家长为学习的榜样而形成自己的人格。在家庭日常生活中家长的善与恶双方面对儿童人格的形成都会产生巨大影响力，务必铭记在心。

12. 多制造与其他儿童在一起的机会。

一般 3 岁以前的儿童与其他儿童交往的机会很少，在这种情况下长大的儿童大多不会自动去寻找朋友。从 3 岁开始，家长最好尽量为儿童提供与其他孩子交往的机会，由此可以使儿童增长智慧并促进社会性发展。

13. 为孩子选择优秀的幼儿园或好的托儿所。

幼儿园不是儿童的游乐场所或给家长托儿的地方。它是儿童人生的第一所学校，对身心的正常成长与发展影响极大。幼儿园各有不同的水准，要尽力选择优秀的幼儿园。

二、日常生活练习家长应注意的要点

1. 及早开始。

由于幼儿具有好奇心和工作欲望，所以很小就喜欢参与大人的工作。一个两三岁的孩子，已经可以学习整理衣物。在学习过程中，孩子认识了上衣、裤子、袜子等不同物品。我们可以借机教导孩子辨别颜色和形状。因此，父母务必及早为孩子创造学习的机会。

2. 准备适合儿童尺寸的工具。

儿童用以照顾自己的一切东西都必须和他的身材大小以及能力相称：儿童的衣架、洗脸及刷牙的地方，毛巾架，他投放脏衣服的地方，清扫用的扫把和簸箕。

3. 活动应与实际生活有关。

实际生活中的活动是孩子最熟悉，也是最需要学习的。由于是在实际生活中，可以有许多机会让孩子重复练习。例如：水是孩子的最爱，所以大人可以让孩子清洗小毛巾、小内衣、小内裤。除了能发展孩子的大小肌肉，还可以让他们沉浸在工作的乐趣中。

4. 家长要缓慢地做工作提示。

向孩子做工作提示时，应先示范给他看应该怎么做；然后邀请他参与，和他一起动手做，待观察到孩子有能力自己做时，再放手让他自己做。整个过程都是渐进式的，所以不会给孩子突如其来、过重的负担。

5. 配合儿童的步调。

走路时，如果您牵着孩子的手，要他跟上大人的步调，他很快就会疲倦，而吵着要人抱他。但是如果能按照他的步伐，那么您便可以和他快乐地走上一段。日常生活的工作也是如此，如果您急躁地催着他完成，对您、对他，都毫无乐趣。

6. 定出切合实际的标准。

大人应了解孩子的能力，并给予其适当的工作。

7. 尽量让孩子使用真实的东西。

在蒙台梭利教室里，我们多使用真实的物品，如瓷碗与玻璃杯，让孩子了解这些物品的脆弱性，以及应如何去照顾、使用它们。

8. 在活动中，如果有错误订正的要求，要向孩子明示其要领。

9. 要辨别预备好的环境与家庭的界限。

10. 认清本身能力的限度。

寸有所长，尺有所短，清楚自己的局限量力而行，不要勉为其难。

第四节　日常生活练习范例

一、基本动作

在人类生活中，即使是最基本的动作，其数量也多得惊人。例如，坐、站、走、跑、跳、蹲、握、放、提、推、压、抓等。本节透过具体的实例，把那些孩子复杂的肌肉运动、平衡动作，分解成简单易懂的动作，并激发幼儿学习的兴趣，使他们经过反复的练习来学会有整合性的复杂运动。这一节所提出的活动练习可以扩展到其他动作。基本动作练习能让孩子集中心志，使其意志力与活动自然地结合，在让他们体会完成任务后的成就感的同时，也能健全他们独立的品格。

基本动作练习与后面的照顾自己、照顾环境、社交礼仪的练习都有紧密联系，它是所有活动的基础。

（一）保持正确的姿势

目的：

1. 学习基本的走路、坐、站立的正确方法。

2. 训练幼儿手脚运动的协调性。

材料：椅子等。

要点：走路。

1. 伸出右脚，脚跟踩到地板上，脚尖着地。

2. 以自然的步幅踏出，姿势端正，两脚交互前进。

坐：

1. 身体略向前倾，轻轻地弯腰坐下。

2. 背挺直，腰部微微贴在椅背上坐好。

3. 膝盖合拢，两手放在大腿上。

站立：

1. 保持身体平衡，轻轻地站起来。

2. 把衣服整理好。

提示：保持走路、站立及坐的正确姿势，是一种良好的健康习惯；因为它不但可以保护我们的背，使它不受到伤害，还可以使我们的身体运动得更好、更协调。请家长随时向孩子示范正确的姿势。

蒙氏心语：人的幼儿时期，足以决定其往后一辈子的生活形态。

（二）搬椅子

目的：学习正确地搬放椅子，知道轻拿轻放。

材料：幼儿用的小椅子。

要点：

1. 一只手握椅背，另一只手握椅面前端中央，轻轻搬起。

2. 搬着椅子时要看清周围的人和物，将椅子搬向目的地。

3. 到达目的地后将椅子轻轻放下。

提示：可以用凳子、装玩具的小箱子或其他形状的小椅子进行搬运练习。

蒙氏心语：小孩走路的目的含有创作的成分。

（三）一起搬小桌子

目的：学习两个人搬运物品的方法。

材料：家中的小桌子或方便搬运的小茶几。

要点：

1. 两个人分别站在小桌的旁边，用手握住桌沿并轻轻抬起。

2. 看清楚周围的人或物，两个人一起横向移动，或向前或向后，一直到达目的地。

3. 到达目的地准备放下时，一个人先将桌脚轻轻放下，另一个人再把桌脚轻轻放下。

提示：对于年龄小，刚刚能自己走稳的孩子和家人一起搬运桌子时，家长要选择自己倒着走，孩子正着走的路线。

蒙氏心语：小孩的动作迟缓，更没有特定的方向与目的地。

（四）捏贝壳

目的：

1. 发展小肌肉的灵活性，练习用拇指、食指捏起贝壳。

2. 培养孩子做事的专注力。

材料：

用水冲洗干净的小贝壳10个，竹筐1个，小毛巾1条。

要点：

1. 用拇指和食指把竹筐里的贝壳捏出来，放在毛巾上。

2. 观察欣赏贝壳的形状和上面的花纹。

3. 把观察后的贝壳再放回竹筐中，并用毛巾盖上。

提示：

1. 成人在陪伴年龄很小的孩子做练习时，请注意不要让孩子把小贝壳放在嘴里。

2. 从室外捡拾的小石子或收集的雨花石，先把它们洗干净，再按此方法进行练习。

3. 家中的小珠子、干果、扣子，同样可成为做练习的材料。

蒙氏心语：成人必须了解，儿童需要运用双手，并认同儿童第一次运用双手时，只是工作本能的展现。

（五）挑出大芸豆

目的：用拇指和食指把大芸豆从许多豆子中挑出来。

材料：把 10 粒大芸豆和许多绿豆装在一个碗里，一个空的小碗。

要点：

1. 鼓励孩子把碗端到桌子上。

2. 和孩子一起观察：小的是绿豆，大的是芸豆；绿豆是多的，芸豆是少的。

3. 鼓励孩子把大芸豆一个一个捏出来，放进小碗里。

提示：如果要引导孩子点数，可以把大芸豆一个一个地捏出来，排列在桌子上，这样便于孩子点数。

蒙氏心语：我们必须尊重儿童心理发展期间的生理活动及动作。

（六）舀豆子

适用年龄：2 岁半以上。

教具构成：中等适量的豆子、碗两个、托盘 1 个、勺子 1 把。

教育目的：手眼协调、手部肌肉运动的调整。

操作方法：

1. 将所要展示的工作教具摆放在桌子上。

2. 交待工作名称。

3. 示范方法：用小勺将左侧小碗中的豆子舀至右侧小碗中。

4. 重复上述工作程序，直至将左侧小碗中的豆子全部舀至右侧小碗中。

5. 物归原位。

变化与延伸：

☆舀小球。

☆舀米（大米、小米等）、小细管。

☆舀水。

兴趣的中心：声音。

错误的控制：空碗正中心的红色即时贴标识。

注意事项：逐渐增加难度。

（七）五指抓

适用年龄：2岁半以上。

教具构成：托盘1个、大小相同的碗两个、适量红豆。

直接目的：手眼协调、肌肉力量、专注力。

间接目的：对声音的敏感性。

1. 交待活动的名称。

2. 演示方法：左手扶左碗，右手五指从左碗中抓起豆子若干，放在右碗中。

3. 重复抓豆工作，直至将左碗中的豆子全部抓放到右碗中。完成后，双手端起右碗将豆子倒回左碗中。

4. 物归原位。

变化与延伸：

☆抓豆扣子珠子等由大逐渐变小。

☆右碗中心用红即时贴做标记。

兴趣的中心：豆子的声音。

错误的控制：

1. 工作时掉落在外面的豆子要捡回碗中。

2. 放时对准右碗的中心点。

（八）一指按

适用年龄：2 岁半以上。

教具构成：托盘 1 个、盛长图钉的小碟 1 个、泡沫板 1 块。

教育目的：肌肉力量的调整、专注力、配对、有序排列。

操作方法：

1. 交待活动的名称。

2. 演示方法：右手拇指和食指从小碟中取 1 枚长图钉，左手扶泡沫板，右手将图钉插入泡沫板中，用右手大拇指将图钉按实。

3. 取图钉重复上述工作程序，直至将小碟中的图钉全部插按至泡沫板上。

4. 物归原位。

变化与延伸：

☆有序排列，如：一黄一红一绿一蓝，一黄两红一绿一蓝，一黄三红一绿一蓝。

☆在泡沫上画上卡通等图案，沿轮廓排序。

☆在动物垫/图形的周边按图钉。

☆加一把带撬起功能的小铁锤，能将图钉撬起。

兴趣的中心：图钉颜色、形状等的变化。

错误的控制：在泡沫板上用彩色笔画的小圆圈。

注意事项：将图钉按在彩色笔画的小圆圈内。

（九）倒豆

适用年龄：2 岁半以上。

教具构成：托盘 1 个、有把有口同等大的玻璃杯两个、豆子若干（装在右侧的杯子中）。

教育目的：动作的顺序性、双手协调。

操作方法：

1. 将工作时所需的物品放在桌子上。

2. 交待工作的名称：今天老师和小朋友一起分享倒豆的工作。

3. 示范方法：有豆的杯子放在右手侧，右手拿杯子的把，左手护杯，将豆子倒入左侧的杯中。

4. 物归原位。

变化与延伸：

☆倒鸟饲料、色砂。

☆分米。

☆由大的颗粒逐渐过渡到小的颗粒，使倾倒的工作更精确。

兴趣的中心：听豆子或其他颗粒倒出的声音，对准容器中心倒豆子。

错误的控制：豆子或其他颗粒倒在杯子外的托盘里。

注意事项：使用细颗粒或粉状物工作时，要预先准备好桌上用的小扫帚和小畚箕。

（十）倒水

适用年龄：2岁半以上，做过倒豆子、倒米的小朋友。

教具构成：托盘1个、带嘴水杯1个、圆口杯、小抹布1块、海绵1块、围裙。

直接目的：肌肉运动的调整，动作的顺序性，手眼协调能力，用手灵巧的倒水。间接目的：独立性、专注力。

操作方法：

1. 在带嘴水杯中倒入2/3有颜色的水，放在托盘的右侧。

2. 将准备好的用具用托盘端到桌子中央。

3. 交待活动名称。

4. 示范方法：右手握住带嘴水杯把手轻轻端起，将杯嘴移至圆口空杯子的上方中央。稍稍离开以免两个杯子发生碰撞，慢慢倾倒出里面的水。倒完最后一滴后，左手拿海绵从杯口外侧由下向上擦干。把空杯放回托盘里，将溅到桌子上、托盘上的水用小抹布擦干。

5. 物归原位。

变化与延伸：

☆倒茶。

☆用漏斗将水倒入细口的容器中。

☆用有把没嘴的杯子倒水。

☆用没把没嘴的杯子倒水。

☆分色水在杯子里或高脚酒杯里。

兴趣的中心：听水流出的声音，看水流的样子，一直到最后一滴。不使容器相碰。

错误的控制：水溅出来；水没倒完；容器相碰；多出或不足画好的量线。

注意事项：

1. 活动在桌面上操作。

2. 倒水时要准备海绵、水桶。

3. 离有水源的地方近一些。

（十一）贴

年龄：2 岁半以上。

用具：

1. 糨糊、糨糊刷、盘子、涂糨糊的台、剪成各种图形的纸（色纸）。

2. 绘有前面图形的台纸、擦手指的手巾、卫生纸。

准备：从用具架上把整组的用具搬到桌上。

提示：

1. 将台纸置于桌子中央。

2. 把涂糨糊用的台（可用瓦楞纸，四边用胶带粘住）放在右侧。

3. 其他东西也准备好放在纸上。

4. 从盒子里取出和台纸同图形的色纸，把图形翻面放在涂糨糊的台子上。

5. 打开糨糊罐的盖子，用糨糊刷沾糨糊，在图形色纸上抹上薄薄的一层。

6. 图形表面依照台纸的图形贴上去。

7. 手指轻压抹平皱折。

8. 沾到手指的糨糊用手巾擦掉。

9. 其他的图形也像这样贴。

10. 贴完后，拿卫生纸把沾在图形周围的糨糊拭净，合上糨糊盖。

11. 把用具全部还原。

兴趣的中心：

☆在纸上涂糨糊。

☆粘贴在同样的图形上面。

错误的控制：

☆贴上了和台纸不同的图形。

☆贴出台纸的图形之外。

☆贴到反面。

直接目的：学习糨糊的使用和粘贴的方法及手指运动的调整。

间接目的：独立性、专注力。

变化：让幼儿用自己构想的图形自由剪贴。

（十二）捞珠子

适用年龄：2 岁半以上。

教具构成：碟（碗）1 个（盛珠子用）、漏勺、塑料珠子、海绵、方形盒子 1 个。

教育目的：手眼协调、手部肌肉力量的调整、专注力。

操作方法：

1. 将所要展示的用具放在托盘里端至桌子上。

2. 交待活动名称。

3. 示范方法：将珠子倒入装有水的盒子中，用漏勺将珠子捞出至碟子中。

4. 重复上述工作程序，直至将珠子全部捞完。

5. 物归原位。

变化与延伸：捞乒乓球。

兴趣的中心：捞的过程。

错误的控制：珠子没有捞完；珠子掉落在碟子外面。

注意事项：盛水的盒子不要用玻璃的。

（十三）夹弹力珠

适用年龄：2岁以上。

教具构成：托盘1个，带有小格子的盒子两个（格子数量相同），大夹子1个，弹力球10个（与盒子中格子的数量相同）。

教育目的：数量的配对；手部肌肉力量的控制。

操作方法：

1. 将工作毯铺在适当位置。

2. 交待活动内容。

3. 示范方法：将摆放在托盘中的盒子拿出按左右摆好。托盘放在左上角。把左侧盒子中的弹力珠用大夹子夹至右侧的盒子中。夹时按由左至右，由上至下的顺序进行。

4. 物归原位。

变化与延伸：

☆用小夹子将乒乓球从左侧心形（长方形）盒子中夹到右侧与之相同的容器中。

☆用筷子夹小玻璃球。

☆用筷子夹海绵、吃饭时盛饭、盛汤、端托盘、用筷子吃饭。

☆用镊子夹小纸片、细小的塑料管、小瓷珠等。

兴趣的中心：珠子及盒子的形状、颜色。

错误的控制：相同数量的珠子、相同数量的器具。

注意事项：

1. 珠子的数量与器具中的格子数量一致。

2. 由易至难，由大至小。

（十四）拧螺丝

适用年龄：2 岁半以上。

教具构成：不同型号的螺栓与螺母、盘子 1 个。

教育目的：

1. 双手协调能力。

2. 双手分别拧的能力。

3. 配对能力。

4. 图形识别，为学习几何形体打基础。

操作方法：

1. 取盘子（内装各种螺丝）放在桌子上。

2. 交待工作的内容：今天和小朋友分享拧螺丝的工作。

3. 家长示范：将螺丝都摆放在桌子上，一一拧开并拧上。

4. 物归原位。

变化与延伸：

☆拧瓶盖（可爱的卡通小瓶子）。

☆拧笔帽。

☆拧毛巾。

兴趣的中心：活动的过程。

错误的控制：正确配对。

注意事项：将螺栓与螺母正确配对。

（十五）捣碎

适用年龄：2 岁半以上。

教具构成：托盘 1 个、勺子 1 个、小碟子 2 个、捣碎罐 1 个、捣碎锤 1 个、饼干若干。

教育目的：手眼能力的协调；手部肌肉力量的调整。

操作方法：

1. 将所要展示的用具放在托盘里端至桌子上。

2. 交待活动名称。

3. 示范方法：将 2～3 块饼干用勺子放入捣碎罐中，右手持捣碎棒，左手扶罐，将饼干轻轻捣碎。双手捧罐将饼干碎末倒入小碟中，请小朋友用勺子品尝。

4. 物归原位。

变化与延伸：

☆捣饼干、面包干。

☆捣蒜。

兴趣的中心：捣碎的食品可以吃。

错误的控制：罐底做的标记；小碟子上的红色控制点。

注意事项：

1. 捣碎锤放在一个小碟内。

2. 饼干放在一个小碟内。

3. 捣碎锤与罐的内壁不碰撞。

4. 将食品充分捣碎成粉末状。

（十六）剪

适用年龄：2 岁半以上。

教具构成：

1. 剪刀（前端要圆、大小适合小朋友的手）。

2. 长方形纸（约 3cm×15cm）。

3. 画有直线、曲线、锯齿形线的长方形彩纸。

4. 画有复杂几何图形的纸。

教育目的：

1. 剪的能力、肌肉运动的调整、手眼的协调性。

2. 独立性、专注力。

操作方法：

1. 将准备好的物品用托盘端至桌子上。

2. 交待活动名称。

3. 示范方法：右手拇指和食指、中指握住剪刀，左手拿纸。在剪刀一开一合之间，实际示范剪刀的正确使用方法。

4. 小朋友已经会使用剪刀后。用画好线的纸，照着纸上的线剪。

5. 碎纸收入垃圾桶，用具放回原位。

变化与延伸：

☆由小朋友自己构想简单的图案画到纸上剪。

☆剪毛线、布。

☆剪厚纸。

兴趣的中心：学习用剪刀剪纸。沿着线剪。

错误的控制：

1. 剪刀刀刃的开合动作不灵活，会开合却不会剪。

2. 剪到线外面。

注意事项：

1. 剪刀开合，注意危险。

2. 剪后碎纸收入垃圾桶。

二、照顾自己

我们知道，儿童的独立性是从小培养出来的，照顾自己是锻炼孩子适应环境的重要练习之一。通过练习可帮助孩子建立独立处理事情的信念，为长大走向社会独立生存打下基础。

这一段落挑选出几个照顾自己的具体实例作为代表性的练习。这部分练习与日常生活教育的其他部分的练习、感官教具的练习都有共通之处，即让孩子从对事物的不断分析、理解、思考和练习过程中，获得独立自主的能力，促进孩子的成长。

（一）衣服穿脱

年龄：2岁半以上。

目的：衣服的穿脱。

☆穿衣服。

方法：

1. 把衣服连衣架拿到桌子上，前襟向上平放。

2. 解开纽扣，打开前襟，取出衣架放回原处。

3. 左手提右边的衣襟，让右手先穿过袖子。

4. 右手穿过袖子后放开左手，然后右手伸到后面把衣服披到左边肩膀上，右手提左边衣襟让左手伸到袖子里。

5. 把两边的衣襟对齐，扣好纽扣。

6. 一边看镜子一边整理衣服。

☆脱衣服。

方法：

1. 用双手解纽扣，打开前襟。

2. 先用双手将左肩上的衣服退下，然后两手转到背后，右手抓住左袖口，让左手从左袖口中抽出来。

3. 双手伸到前面，左手抓右边袖口，让右手抽出来。

4. 衣服的前襟向上平放在桌上，抚平上面的皱纹整理好。

（二）穿脱鞋

年龄：2 岁半以上。

目的：整理仪容，手脚的肌肉运动调整。

☆穿鞋。

方法：

1. 坐在椅子上，脱掉室外鞋，并排放在旁边。

2. 将室内鞋拿到面前。

3. 确定鞋子的左右。

4. 一只脚先找到同侧的鞋子，把脚尖伸进鞋内。

5. 用手指抓住鞋子后帮，往后拉让整个脚都进去，最后才把脚跟套上。

（三）洗手

用具：围裙、抹布、脸盆、水壶（放在脸盆中）、小盘子（上面放肥皂）或洗手液、海绵、擦手毛巾。

1. 在水壶中加合适的水（不能太满也不能太少），在脸盆中倒一半水。

2. 将两只手放在脸盆中浸湿，轻轻地甩掉手上的水滴。

3. 拿起肥皂或按洗手液一次，将肥皂（洗手液）在手掌、手背及手指间搓洗。

4. 双手浸在脸盆中，把肥皂泡冲掉。

5. 将盆中的污水倒到桶里，再将水壶中剩余的水倒进脸盆，双手浸入水中搓洗，然后甩掉手上的水滴。

6. 用毛巾擦干每一根手指头，将污水倒入水槽。

7. 用海绵擦拭桌面及用具。

8. 用抹布擦拭桌面及用具。

9. 把所有的用具放回原处。

具体过程家长可以根据家中情况做调整，重要的是让孩子在练习中发展动作的控制能力和协调能力，观察洗手过程中的细节和顺序，形成专注力、独立性、秩序感和责任感。孩子在反复练习能把手洗干净后，可以延伸类似的练习，如洗脸、洗脚、洗自己的小袜子等。

（四）擤鼻涕

年龄：2 岁以上。

用具：面巾纸，或棉纸。

拿出面巾纸。

1. 把面巾纸展开。

2. 对折。

3. 双手拿着两端，掩住鼻子。

4. 用手指（食指、中指）压住一边鼻孔，从另一边鼻孔以呼气的方式擤鼻涕。

5. 接着做另一边。

6. 两手手指捏合，将面巾纸向前拉出，折叠。

7. 在对折后把鼻涕擦拭干净。

8. 再折小一点儿丢到垃圾桶里。

趣味的中心：一边一次地擤鼻涕。

错误的控制：

☆发出很大的声音。

☆鼻涕还留在脸上。

直接目的：把鼻涕擦干净；养成好习惯；对自身的观察。

间接目的：独立性、专注力。

（五）清洁练习

☆照镜子。

年龄：2岁半以上。

用具：镜子（全身镜、半身镜、小镜子）。

准备工作：引导儿童到镜子旁边。

基本操作：

1. 站在全身镜的前面，让全身都能照到，以便做全身仪容的整理。

2. 照前面、后面、侧面。

3. 让孩子自己看镜子，发觉有必要修饰的地方就自己整理。

趣味的中心：看到自己在镜子中的模样。

错误的控制：仪容修饰不完全。

直接目的：对自身的观察，整理仪容。

间接目的：独立性、专注力的培养。

延伸活动：使用3面镜或小镜子等。

（六）收拾行李和背包

年龄：3 岁以上。

教具构成：

1. 两套内衣。

2. 两双袜子。

3. 两件衬衣或 T 恤衫。

4. 两件短裤或裙子。

5. 一双拖鞋盛在塑料袋里。

6. 一双鞋盛在塑料袋里。

7. 牙刷、梳子、毛巾等个人用品。

8. 其他物件，如钟表、皮夹等。

9. 一个干净的大托盘，盛衣物和鞋子。

基本操作：

1. 告诉孩子：将示范"收拾行李和背包"。

2. 让孩子在工作区坐好，确认孩子可以清楚地看见示范，没有其他干扰。

3. 把行李箱或背包打开。

4. 从托盘里拿取物品，放到工作毯上，一次只拿一件，并叠好。

5. 提示孩子：要把鞋子放到行李箱的最底层或者是箱子的一边。

6. 拿起衣服，把它们小心地放到箱子里，使其平整，没有褶皱。

7. 把其他物品放入到箱子的空闲处。

8. 合上行李箱或者背包。

错误的控制：行李箱或者背包关不上。

直接目的：

1. 学习打包裹。

2. 提高手眼协调能力。

3. 锻炼独自旅行和外出的能力。

间接目的：

1. 发展逻辑思维与解决问题的能力。

2. 培养孩子的预见能力。

延伸活动：

1. 更换不同种类的包。

2. 更换不同的衣服，这些都取决于季节的变化还有旅游外出的目的与地点等。

3. 可以为野餐准备适宜的物品。

4. 可以为游泳准备适宜的物品。

（七）穿鞋带（X 型）

解开：

1. 拉紧绳带两端解开蝴蝶结。

2. 左右手交互使用，将绳带从孔中拉出。

3. 一直到最上面的孔再把绳带整个抽出来。

4. 将两襟左右打开。

编织：

1. 将两襟合向中央。

2. 将绳带由最上面左右两孔里面向外拉出。

3. 将左右两边带子调到相同长度。

4. 右边的绳带从左边第二个孔表面穿进去拉紧。左边的绳带向穿右侧的第二个孔。

5. 通过左边第二个孔的绳带换到右边第三个孔，改由里向外穿出。右边的绳带也相同。

6. 反复交互进行第四个第五个孔的动作一直到最后的孔。

7. 绳孔都穿完后，在表面打个蝴蝶结。

趣味的中心：交互交叉穿绳孔。

错误的控制：没有编成 X 型。

备注：可以在绳带中央打个结当做记号。

三、照顾环境

这里指的环境是我们周围的一切空间。显然，如果环境能更美化、自由及有秩序，那么生活就能更意趣盎然。

儿童可通过扫除、洗涤、准备餐桌、照顾动植物等工作，了解自己和所处环境之间的关系，且能因自立而拥有对物品的管理能力。

这部分教育的特征是需要很多用具，而这些用具必须整齐地摆在固定的场所。这些合乎孩子尺寸而且具有吸引力的用具，能训练孩子对环境的适应能力，使他们能担负起应有的责任，从而使他们具有爱自己、爱他人、爱世界的博大胸怀。

（一）清扫

年龄：2岁半以上。

☆地毯的卷起和展开。

用具：工作用地毯。

准备工作：

1. 在固定的地点准备好教具。在地毯架上备有大、中、小3种地毯。

2. 地毯材料的选择不要太厚也不要太重。

基本操作（展开的方法）：

1. 搬来一张卷起的地毯，放下。

2. 坐在卷起的地毯前面。

3. 两手放在地毯左右各1/3的地方，拇指放在地毯的下侧，其他手指握住上面。

4. 用两手慢慢地把地毯摊开。

5. 身体向后退，直到地毯完全展开。

基本操作（表面在外的卷法）：

1. 坐在展开的地毯前面。

2. 右手4根手指伸进地毯下方，拇指握在上面。左手也相同。

3. 将地毯稍稍提高弯向内侧卷曲。

4. 卷起后, 左右手交替向前压紧继续卷。

5. 仔细察看两边是否卷得很整齐。

兴趣的中心: 地毯的两端对齐。

错误的控制: 两端不整齐, 没有完全展开。

直接目的:

1. 练习手眼的协调动作。

2. 训练手指的动作。

间接目的: 独立性的培养。

注意事项:

1. 也可练习地毯表面在里的卷法。

2. 当地毯太大时, 可以考虑由两个人一起展开、卷起。

3. 地毯使用的材料要适合孩子使用。

(二) 刷灰尘

年龄: 两岁半以上。

用具: 塑胶垫、小刷子 2 把、抹布、需要刷掉灰尘的用具 (木雕品等), 围裙。

准备: 把用具放在固定的篮子中。桌上摆着要刷掉灰尘的东西。

提示:

1. 系上围裙 (也可以在头上绑上手帕), 把篮子连用具搬过来。

2. 铺上胶垫。

3. 把抹布仔细地折好。

4. 用手指从近处向前面擦过去。

5. 用平刷子把细微部分的灰尘仔细刷掉。

6. 用圆刷子把刻纹的灰尘清除掉。

7. 把擦干净的雕刻品摆回原来的位置。

趣味的中心: 有消除灰尘的样子。

错误的控制: 有残留的灰尘。

直接目的：运动的调整，清洁感。

间接目的：独立性。

备注：

平刷子用在清理一般家具上的灰尘，圆刷子用在刷除雕刻类不易清理的地方。

熟悉各种刷子，例如：牙刷、糨糊刷、油漆刷、衣服刷等。

抹布用丝质的比较好。

（三）点火、熄火

年龄：3 岁以上。

用具：烛台、灭烛火的器具、火柴、装水的容器、盘子。

准备：在生日会的时候。

提示：

1. 左手拿火柴盒打开约 1/3，拿出 1 根火柴棒。

2. 垂直拿火柴，向外划出。

3. 轻轻地在蜡烛芯上点火。

4. 用左手掩住火柴，一口气把火熄灭。

5. 把烧过的火柴丢进盛水的容器中。

6. 要熄灭烛火时，右手拿灭烛火的器具，由火焰上往下盖住熄灭。

趣味的中心：用火柴点火。用盖的方式熄灭。

错误的控制：把蜡烛的火熄灭了。

直接目的：用火柴来点燃蜡烛。

间接目的：专注力，手指的运动，不怕火。

备注：准备一样大小的火柴。

没有父母的允许不可以使用火柴。

变化：

注意蜡烛的颜色及数目。如在宗教性场合，蜡烛颜色要与典礼配合，生日会时蜡烛数目要与年龄配合，并且考虑练习肃静的环境。

（四）植物栽培（盆栽，播种，水栽培）

年龄：3 岁半以上。

☆盆栽。

用具：花盆（孩子搬得动的小盆），塑胶垫，儿童用铲子，垫在盆下的盘子，水壶，喷水壶，围裙，抹布，两个水桶，海绵，报纸，剪刀，栽培用的边根植物，小石子。

准备：系上围裙，在花坛的旁边铺上报纸，再把花盆搬来。

提示：

1. 把水壶装满水。

2. 把装土的水桶提来。

3. 花盆周围用抹布擦拭，底部铺上小石子。

4. 铲两三铲的土放进花盆（中央部分要凹下去）。

5. 把花栽进去（轻轻的不要伤到花）。

6. 根部覆上少量的土，把根部完全盖住。

7. 用洒水壶对准整株植物浇水。

8. 用海绵擦拭花盆。

9. 在桌上铺塑胶布，上面放垫花盆的盘子，然后把整株植物放在盘子上（装饰室内）。

10. 把多出来的土放在花坛里。

11. 铲子、洒水壶、水桶等用水洗过后擦干（放进水桶里洗）。

12. 用具放回原处。

13. 报纸折好丢进垃圾箱。

趣味的中心：

1. 用铲子将土覆盖到根上。

2. 用洒水壶浇水。

错误的控制：根露到土外；水溢出花盆外面。

直接目的：了解盆栽的方法。一连串动作的顺序。

间接目的：独立性，对植物的爱护、兴趣。

备注：

1. 土浇上水后变得很柔软，再加上肥料充分混合。

2. 把植物上枯干的枝叶用剪刀整理。

3. 由于各植物有其适当的栽种时期，故可让儿童体会季节的特性。

变化：

1. 从小盆移植到大盆。

2. 从花坛移植到花盆。

3. 分株种植。

4. 清理花、枝、叶上的尘土、虫蚁。

（五）喂养金鱼

年龄：3 岁半以上。

用具：水槽、两个水桶、勺子、水壶、捞鱼用的网、小石子、海藻、金鱼用鱼饵、塑胶垫、抹布、手巾、塑胶围裙、小桌子、海绵。

准备：系上围裙，把装着金鱼的水槽抬到桌上，在桌上铺好塑胶垫。

提示：

1. 先仔细观察水槽中的金鱼。

2. 用捞鱼的网小心地一条一条把金鱼捞到装清水的水桶中。注意不要伤到金鱼。

3. 再把水槽中的海藻捞到水桶里。

4. 握住勺子柄约 2/3 的地方，把水槽中的污水舀到另一个桶里。

5. 把水槽里的水舀掉一半左右。

6. 用水壶慢慢注入清水。

7. 再从水桶中捞起金鱼放回水槽。

8. 海藻用清水清洗后放回水槽里。

9. 轻轻放入鱼饵。

10. 再一次观察金鱼。

11. 将水槽放回原处（太大时和家人一起搬动）。

12. 用抹布将塑胶垫擦干净。

13. 倒掉水桶的污水，拿抹布擦干。

14. 捞鱼用的网用水清洗，拿抹布擦干。

15. 如果地板弄湿也要擦干。

趣味的中心：用网捞鱼；把水换掉一半左右，给鱼饲料。

错误的控制：捞鱼的方法不对；水更换的量错误。

直接目的：把水槽弄干净；学习照顾金鱼。

间接目的：独立性，清洁感，爱护动物的精神。

备注：

1. 清水最好使用备用水（因为直接来自水龙头的水含漂白粉太多）。

2. 指导儿童知道鱼类也需要氧气（也可加装供氧设备）。

3. 鱼饲料一次一次慢慢放，不要一下给得太多。

4. 养殖各式各样的金鱼并记住名字。

5. 调查金鱼吃何种饲料（饭粒、面包屑、小蚯蚓等）。

（六）削皮

年龄：3 岁以上稳定性较好的儿童。

教具构成：托盘 1 个、洗净的黄瓜 1 条、小盘 1 个（装黄瓜用）、小碗 1 个、削皮刀 1 把。

教育目的：

1. 培养削皮的能力。

2. 肌肉力量的调整。

3. 眼的协调。

4. 独立性、专注力。

操作方法：

1. 将准备好的物品用托盘端至桌子上。

2. 交待活动名称。

3. 示范方法：右手持刀柄，左手轻触刀片，然后摆手，提示刀片危险。左手持黄瓜，右手持刀自上而下给黄瓜削皮。转动黄瓜，直至把黄瓜所有的皮削干净。削完后可以直接食用，将削下的皮倒掉。

4. 用具用完后清洗放回原位。

变化与延伸：要削皮的物品转变为胡萝卜等。

兴趣的中心：削皮本身、可食用。

错误的控制：手握黄瓜尾部，以防削到手。

注意事项：

1. 提示小朋友刀片危险。

2. 将瓜皮倒掉。

四、社交礼仪

社交礼仪练习主要是让孩子学习如何待人接物，如何做到礼貌和优雅。练习包括多方面内容，家长可以结合我国的传统文化、风俗习惯对孩子进行潜移默化的教育。

（一）基本的社交礼仪

☆打招呼与告别。

年龄：2 岁半以上。

基本操作：

1. 和孩子一起探讨礼貌的必要性，特别是充满尊敬地与别人打招呼，友善地与别人道别的重要性。

2. 和孩子讨论与长辈、老师、同学、客人等打招呼或者是道别时，礼貌性的行为有哪些。

3. 伸出你的手，与别人的手相握，同时跟对方说："你好"或"早上好，××"或"下午好，××"；告别的语言有"再见，××，见到你真是太高兴了"或"再见，××，谢谢你的款待"，等等。

4. 还可以和孩子讨论别的情景来进行礼貌的练习。

☆握手。

1. 以端正的姿势（挺胸）站立。

2. 慢慢靠近握手的对象，伸出右手。

3. 握对方的右手。

4. 微笑地看着对方的眼睛。

☆欢迎。

基本操作：

1. 和孩子一起讨论，让客人宾至如归的重要性。

2. 孩子演示如何为客人开门，欢迎客人，为客人脱外套，为客人搬椅子，招待客人喝饮料、进食，并给予其他的协助。

演示：孩子自己可以设计不同的情景，演练怎样与别人打招呼。教师可以帮助幼儿决定谁来扮演客人，谁来扮演主人。

语言："你好，欢迎""需要帮助吗"等。

（二）与他人接触的方法

年龄：两岁半起。

准备：找适当机会。

提示：

☆与父母接触时。

1. 需要父母帮忙，或有问题要请教父母时，不要大声喊叫。

2. 距离远时，父母提示孩子："请到爸爸（妈妈）旁边来。"

3. 如果父母不在现场，或者父母在和其他人说话，或是在帮助其他人工作时，请稍等一下。

兴趣的中心：必要时，要幼儿和父母应答。

错误的控制：大声叫唤、吵闹，或态度不沉着。

直接目的：懂礼节。知道怎样会麻烦到别人。

间接目的：意志力控制。

☆和朋友接触时。

1. 需要朋友帮忙，或有事询问时，不可大声叫唤。

2. 以得体的语言提要求：

"东西请借我用一下。"

"请过来一下。"

3. 必要时走到朋友的身边才说话，不要太大声。

兴趣的中心：请求与应答。

错误的控制：大声喊叫。

直接目的：懂礼节，知道怎样会麻烦到别人。

间接目的：意志、感情的抑制。

变化：发展和家族、亲人（父母、兄妹、弟妹、祖父母）的相处。

（三）递交物品的方法

年龄：2 岁半以上。

用具：剪刀、刀子、铅笔、图钉、叉子、针、钻子、画册、各种纸张、花束、礼品等。

准备：

1. 前端尖的东西（剪刀、刀子、铅笔、图钉、钻子等）放置于盘中。

2. 各种大张纸、画册、笔记本、花束、礼品等放在桌上。

提示：

☆递交前端尖锐物品的方法。

1. 尖的一端朝自己，让对方拿到后马上就能作用。传递物品时，要注视对方的眼睛。

2. 必须和对方保持一定的距离。

3. 右手拿物品，在对方右手的斜前方交给他。

4. 保持笑容。

剪刀——
握住闭合的刀刃，将剪刀握住递给对方。

刀子——
注意不要让刀刃伤到对方，将刀柄递给对方。

铅笔——

拿一半以下的地方，笔尖朝向自己，递给对方。

针、钻——

拿针、钻的尖锐部分，递给对方。

☆大张纸、画册、笔记本的递交方法。

1. 拿着纸的右下或左下侧的角，轻轻地递给对方。

2. 对方接受时应伸出双手，从斜前方接受。

3. 不发出声音或弄出皱纹，很客气的接受。

4. 用两个手掌接，以两个拇指捏住纸张。

☆花束、礼品也以同样的方式接受。

兴趣的中心：

☆注视对方的眼、脸。

☆尖端的方向。

☆纸、画册、礼品方向。

错误的控制：

☆尖锐部分伤到别人。

☆物品折断、破损等。

直接目的：

1. 记住尖锐物品的递交方法。

2. 对他人人格的信赖。

3. 自己的运动调整。

间接目的：独立性、专注力。

备注：

☆尖锐物品由大家轮流传递。

☆生日、圣诞礼品的接受练习。

附：日常生活练习的目录

基本动作	社交行为	关心环境	照顾自己
* 走（步行）	* 门的开关	* 互助合作的准备	* 携带物品的整理
* 坐	* 打招呼	搬运地毯	* 东西撒落时的处理
* 拿（持）	* 应答的方法	打开、卷起地毯	* 照镜子
* 搬（运）	* 与他人接触的方法	地毯的清理	* 梳头发
* 放（置）	感谢与道歉	* 扫除	* 擤鼻涕
* 倒（移、注）	* 递交物品的方法	打扫室内	* 衣服穿脱
* 折	* 咳嗽、打喷嚏、打	刷灰尘	* 穿鞋、袜
* 切、剪	哈欠的方法	使用掸子	* 鞋的整理、保养
* 贴	* 轮流使用户外游戏	擦洗桌子	* 衣饰筐
* 缝	器材	擦洗窗户	* 衣服折叠的方法
* 编	* 团体游戏的规则	* 擦洗金属器具	* 刷衣服
* 捏	* 倒茶	* 洗涤	* 漱口的方法
* 夹	* 作业的观察法	* 熨斗的使用方法	* 刷牙的方法
* 转（旋转）	* 打电话的方法	* 水中剪枝	* 剪指甲的方法
* 擦	* 问路的方法	* 点火、熄火	* 擦汗的方法
* 撕	* 洗手间的使用方法	* 餐桌的准备	* 洗脚的方法
* 打	* 慰问病人	* 庭院互作	* 洗澡的方法
* 敲	* 介绍的方法	* 植物栽培	* 其他
* 卷	* 车中的礼仪	* 照顾小动物	
* 削	* 交通规则	* 洗餐具	
* 拉	* 敲门的方法	* 蔬菜的削皮	
* 揉	* 入席的方法	* 整理棚架	
* 其他	* 穿拖鞋的方法	* 其他	
	* 其他